Suhrkamp BasisBiographie 32 **Jurek Becker**

W0192696

Olaf Kutzmutz, 1965 in Schalke geboren, leitet den Programmbereich Literatur der Bundesakademie für kulturelle Bildung Wolfenbüttel (www.bundesakademie.de).

Jurek Becker

Suhrkamp BasisBiographie
von Olaf Kutzmutz

Suhrkamp BasisBiographie 32 Erste Auflage 2008 Originalausgabe
© Suhrkamp Verlag Frankfurt am Main 2008
Druck: Kösel, Krugzell · Printed in Germany
Umschlag: Hermann Michels und Regina Göllner
ISBN 978-3-518-18232-1
Die Schreibweise entspricht den Regeln der neuen Rechtschreibung, Zi-
tate wurden in ihrer ursprünglichen Schreibweise belassen.

1 2 3 4 5 6 − 13 12 11 10 09 08

Inhalt

Der Grenzgänger

Zu den Kuriosa von Jurek Beckers Leben gehört, dass er sich als Aufklärer versteht und ihn die Staatssicherheit der DDR unter dem Decknamen »Lügner« führt. Das Etikett »Lügner« verrät jedoch weniger etwas über den Autor als über das gesellschaftliche System, dessen Staatsbürger Becker bis zum Ende der DDR bleibt. Zum anderen steht es – Ironie der Geschichte – für Beckers größten literarischen Erfolg: seinen Roman um den Pufferbäcker Jakob Heym, mit dessen Schwindeleien die Menschlichkeit in einem Getto des Zweiten Weltkriegs erstrahlt.

Für ein breiteres Publikum bleibt Jurek Becker der Autor von *Jakob der Lügner* und der Drehbuchschreiber der Anwaltsserie *Liebling Kreuzberg*. Für die Literaturgeschichte der zweiten Hälfte des 20. Jahrhunderts ist Becker jedoch weit mehr: eine Leitfigur, die den politischen Umbruch zwischen Ost und West in Romanen und Essays, Drehbüchern und Filmen kommentiert, jemand, der gesellschaftliche Reformen anregt und begleitet – keiner, der sich am Status quo ergötzt, sondern einer, der wider den Stachel löckt. Becker gehört zu den Temperamenten, die regimekritisch in einem umfassenden, landesübergreifenden Sinne handeln. Er versteht sich als Mann von Welt und sieht seine Aufgaben überall, denn schließlich habe »die DDR kein Alleinvertretungsrecht […] für Reibung zwischen Schriftsteller und Gesellschaft«. (*Frankfurter Rundschau*, 8. 2. 1978)

Höchster Popularität und Streitbarkeit zu Lebzeiten steht nach Beckers Tod eine schwindende Präsenz beispielsweise auf schulischen Lehrplänen gegenüber. Was bleibt also außer *Jakob der Lügner*, und was macht diesen Schriftsteller für künftige Generationen lesens- und bewahrenswert?

Rund zehn Jahre nach seinem Tod lässt sich der Stellenwert Beckers angemessener erschließen, sein literarisches Werk kann trennschärfer gesichtet und sein Leben jenseits aktueller Konflikte zwischen Ost und West bewertet werden. Zu Beckers besonderen schriftstellerischen Verdiensten gehört seine Holocaust-Trilogie, die sich in den Romanen *Jakob der Lüg-*

ner (1969), *Der Boxer* (1976) und *Bronsteins Kinder* (1986) mit dem Völkermord an den Juden beschäftigt. Beckers hüben wie drüben gefeiertes Romandebüt *Jakob der Lügner* löst eine Betroffenheitsliteratur ab, die im sicheren Bereich von Gedenkritualen promeniert. Becker hingegen stiftet bereits Ende der sechziger Jahre in seinem Grenzgang zwischen Humor und Holocaust zu einer Vergangenheitsbewältigung an, die gesellschaftspolitische Diskussionen aufnimmt und in der Welt des Romans auf den Punkt bringt. Nicht zuletzt deswegen wehrt sich Becker dagegen, als ›Jude‹ abgestempelt zu werden. Er bezeichnet sich selbst nie als Juden, sagt immer nur, seine Eltern seien Juden gewesen. Diese Distanz zur eigenen Herkunft ermöglicht ihm jene Freiheit und Souveränität, die Leser an *Jakob der Lügner* schätzen. Es gilt folglich keineswegs, Beckers jüdische Herkunft zu verleugnen, sondern vor allem den Schriftsteller, Zeitgenossen und bekennenden Atheisten zu würdigen, dessen Ost-West-Spagat letztlich die Systeme verbindet.

Dabei schreibt und verkündet Becker mit einer Leidenschaft, die der Literatur eine Welt verändernde Kraft zutraut. Seine Meinungsfreude läuft konträr zu sozialistischem Überschwang und ist jenseits parteilicher oder ideologischer Doktrin der menschlichen Würde im weitesten Sinne verpflichtet. Als öffentliche Figur zeigt Becker in Interviews und politisch-theoretischen Texten, wie stark Literatur und Politik im ausgehenden 20. Jahrhundert miteinander verzahnt sind.

›Wahre Lügen‹, das tägliche Brot des Schriftstellers, machen die eine Seite von Beckers Leben und Schaffen aus, die andere Leerstellen. Wenn einer davon erzählen kann, was ein Leben voller Leerstellen bedeutet, dann Becker, das Lodzer Gettokind, das die Mutter verliert und knapp dem Massenmord an den Juden entgeht. Pointiert formuliert, handelt Beckers gesamtes Werk davon, diese Lücken zu füllen, sich in einer *unsichtbaren Stadt* zu bewegen, wie es in Beckers gleichnamigem Essay heißt. Diese Leerstellenerfahrung verdichtet Becker auf einer seiner letzten Postkarten zur poetischen Miniatur. Dort schreibt er über seine Vita unter anderem: »Ich wurde am, in, als einziges. Mein Vater war, meine Mutter.

[…] Wenn ich auf mein bisheriges zurückblicke, dann muß ich leider sagen.« (zit. n. Kiwus, S. 2) Vor diesem Hintergrund sind Beckers Werke mehr als das Ergebnis eines unverwechselbaren Lebens, sondern allesamt ein gesellschaftlicher Fall. Aus einem beinahe sprachlosen Jungen, der zwischen polnischer Mutter- und deutscher Vatersprache schwankt, wird eine wortgewaltige Figur eines politischen Umbruchs. Und so begleiten Beckers Werke vielstimmig einen gesellschaftlichen Wandel, der 1989 im Mauerfall sein äußeres Symbol erhält.

Diese Biographie versucht eine Bestandsaufnahme zu einer Zeit, da manche Gegner und Freunde Beckers bereits nicht mehr leben. Sie erzählt von einem kämpferischen Schriftsteller, der sich nicht ernster nimmt als nötig und kurz vor seinem Tod behauptet – hier schließt sich der Zirkel des »Lügners« –, so gut wie alle seine bisherigen Arbeiten seien »geklaut«. (zit. n. Kiwus, S. 227)

Leben

Vom unsichtbaren Leben – erste Jahre im Getto Lodz (1937-1945)

Jurek Beckers Leben beginnt in Lodz, das ist gewiss. Vieles andere bleibt spekulativ, selbst Beckers Geburtsdatum. Der 30. September 1937 gilt als offizieller Termin, weil keine Urkunden dagegen sprechen und es selbst der Vater nicht besser weiß. Wie kommt das? Der unsichere Geburtstag gründet im Zweiten Weltkrieg und dem jüdischen Bekenntnis der Familie, obwohl für Mieczysław und Anette Becker und ihren Sohn Religion und Glauben keine große Rolle spielen. In seinem Aufsatz *Mein Judentum* schreibt Becker, er antworte auf Fragen nach seiner Abstammung und Herkunft jeweils: »Meine Eltern waren Juden« (Mein Vater, S. 13), niemals »Ich bin Jude«. Und er fügt hinzu: »Die Gesellschaft oder Bekanntschaft von Juden habe ich nie gesucht und nie gemieden.« (Mein Vater, S. 17) Das Jüdische bedeutet für Becker weder Makel noch Auszeichnung und schon gar keinen Anlass, sich *besonders* zu verhalten.

Ganz anders sehen das die Nazideutschen, deren Truppen am 8. September 1939 Lodz, das osteuropäische Zentrum der Textilindustrie, besetzen. In Lodz leben damals so viele Juden wie kaum in einer anderen europäischen Stadt, sie machen rund ein Drittel der 700 000 Einwohner aus. Die nationalsozialistische Judenpolitik fällt in Polen auf fruchtbaren Boden, denn dort gehört Judenfeindlichkeit bereits zum Alltag, bevor die Deutschen einmarschieren. So ruft beispielsweise die Universität Warschau für den 30. Januar 1937 einen ›judenfreien Tag‹ aus, und ein Flugblatt aus dieser Zeit feiert unverblümt die antisemitische Gewalt: »Wenn ihr einen Juden seht, schlagt ihm die Zähne aus.« (zit. n. Gilman, S. 24)

Anfang 1940 richten die Deutschen ein Getto ein und machen am 11. April aus dem polnischen Lodz das deutsche Litz-

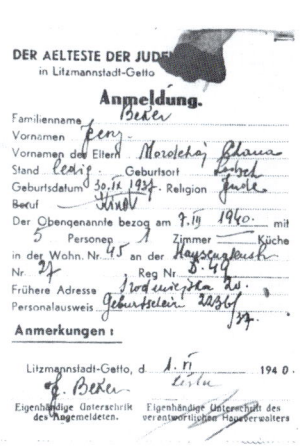

Meldeschein fürs Getto Lodz – Die Beckers wohnen zunächst in der Hanseatenstraße 27 mit fünf Personen auf einem Zimmer

mannstadt. Das Getto untersteht den Nazis, wird hermetisch mit Stacheldraht und einem Bretterzaun abgeriegelt und von der deutschen Polizei bewacht. Als Arbeitsgetto unterstützt es die deutsche Rüstungswirtschaft. Die Juden darin sind dazu verpflichtet, gelbe Armbinden und auf Brust und Rücken einen zehn Zentimeter hohen gelben Davidstern zu tragen. Wer als Jude im Getto wohnen muss, bekommt in der Regel einen typisch jüdischen Vornamen, und so wird aus Beckers Vater ein ›Mordehaj‹ und aus seiner Mutter eine ›Chana‹. Becker selbst behält seinen polnischen Namen ›Jerzy‹. So steht es auf seinem Meldeschein für das Getto, in dem er seit dem 7. März 1940 lebt.

Mit der Zwangsumsiedlung endet für die Beckers ein Leben in mäßigem Wohlstand. Vor dem deutschen Einmarsch arbeitet Jerzys Vater als Prokurist in einer Textilfabrik, seine Mutter kümmert sich um den Haushalt. Durch den gehobenen Beruf des Vaters verfügen die Beckers über einen passablen Lebensstandard und wohnen in der ulica Śródmiejska in einem angesehenen Stadtteil von Lodz.

Trotz einiger Eckdaten bleibt viel Biographisches im Nebel der Zeitläufte verborgen, zumal einschlägige Dokumente aus Familienbesitz fehlen. Wer sich ein Bild dieser Jahre machen möchte, findet in der fünfbändigen *Chronik des Gettos Lodz/Litzmannstadt* und dem Ausstellungskatalog *Unser einziger Weg ist Arbeit. Das Getto in Łódź 1940-1944* reichlich

Beckers »unsicht-
bare Stadt« –
Im Getto Lodz
verbringt Becker
gut vier Jahre
seiner Kindheit

kommentiertes Material. Becker selbst bekommt gut vier Jahrzehnte nach seiner Gettozeit Fotos dieser Ausstellung zu sehen und schreibt über dieses Bilderlebnis einen Schlüsseltext, der gleichermaßen über die verlorenen Jahre seiner Biographie wie über die Themen seines Schreibens aufklärt. Die Fotos aus Kindertagen wirken auf Becker merkwürdig ordentlich, ja besinnlich.

Warum die Fotos trotz der chaotischen Zeit Ordnung vortäuschen, hat einen Grund. Sie stammen von Walter Genewein, dem Finanzleiter des Gettos Lodz. Seine inszenierten Werbefotos führen ein leistungsfähiges Getto vor und dokumentieren gleichsam »eine Erfolgsgeschichte der deutschen Gettoverwaltung«. (Weg, S. 56)

> »Selbst die vier Juden, die einen Toten an einer Mauer entlangtragen, muß man kaum mehr als flüchtig bedauern; zu viert wird man schließlich eine Leiche tragen können, und gestorben wird überall.« (Jurek Becker; zit. n. Weg, S. 10)

Für den erwachsenen Becker ist Lodz *Die unsichtbare Stadt*, die seine schriftstellerische Arbeit bruchstückweise wiederherzustellen versucht. »Ich kann mich an nichts erinnern«, schreibt Becker über seine frühen Jahre, »so hat man es mir erzählt, so steht es in meinen Papieren, so war folglich meine Kindheit.« (Weg, S. 10) Warum er diese Zeit eher vergessen als verdrängt hat, liegt vor allem daran, dass er sie weniger als alptraumhaft denn als normal und ereignislos empfunden hat. Die Umstände seien nicht dramatisch gewesen, sagt Becker in einem Interview, man habe nicht tagtäglich Hinrichtungen oder Verfolgungen befürchten müssen. »Der Tag war gar nichts, der Tag war grau, der Tag war ein Stück Mauer, ein Stück Häuserbaracke«, sagt Becker. »Der einzige Höhepunkt war, daß jemand dir vielleicht eine Murmel oder ein Stück Brot gegeben hat.« (zit. n. Graf, S. 57) Erfinden wird Becker deswegen zum Lebensmittel, seine literarischen Werke zum Medium, die verlorene Zeit der Kinderjahre zu suchen. Was

Erfinden als Lebensmittel

> »Ohne Erinnerungen an die Kindheit zu sein, das ist, als wärst du verurteilt, ständig eine Kiste mit dir herumzuschleppen, deren Inhalt du nicht kennst. Und je älter du wirst, um so schwerer kommt sie dir vor, und um so ungeduldiger wirst du, das Ding endlich zu öffnen.« (Jurek Becker; zit. n. Weg, S. 10)

er in *Jakob der Lügner, Der Boxer, Bronsteins Kinder* oder *Die Mauer* niederschreibt, ist folglich neben allem Literarischen ein Stück Lebensgeschichte.

Von seinem Vater erfährt Becker wenig über die Zeit im Getto, er möchte wie viele andere Opfer der Nazizeit nicht darüber reden. Und Becker selbst sucht das Gespräch nur bedingt, verdrängt eher eine Zeit, die kaum Leben genannt werden darf. Als sein Vater 1972 stirbt, sind noch viele Fragen offen und erst ein Roman geschrieben. Was Becker jedoch von ihm erfährt: dass er mit seinen Eltern und 160 000 weiteren Menschen auf rund vier Quadratkilometern eingepfercht war. In einem Getto, das nur teilweise mit Gas und Strom versorgt wird und dessen Häusern fast durchgehend Toiletten, Wasser oder ein Anschluss an die Kanalisation fehlen. In welch dürftigen Verhältnissen die Beckers seit 1940 in der Hanseatenstraße 27 leben, ist kaum vorstellbar. Zunächst sind sie dort zu fünft auf einem Zimmer ohne Küche einquartiert, Ende des Jahres verbessert sich die Lage, als die Familie im selben Haus eine Einzimmerwohnung allein bewohnen darf.

Die Beckers arbeiten um ihr Leben ganz im Sinne des Mottos, das Chaim Rumkowski, der Älteste des Judenrates, als Parole ausgibt: »Unser einziger Weg ist Arbeit.« Der Vater ist im Textilbereich tätig, die Mutter in einem der Büros des Judenrates und Jerzy stopft Zigaretten. Bei aller scheinbaren Normalität, die das Arbeitsleben vorspiegelt, droht schon zu Beginn allen Insassen des Gettos der Tod. Die Grundlinie der deutschen Besatzer ist jedenfalls von vornherein klar. So sieht der zuständige Regierungspräsident Friedrich Uebelhoer in einem geheimen Rundschreiben vom 10. Dezember 1939 das Getto lediglich als Übergangslösung. Und wäre das Getto ökonomisch nicht so enorm leistungsfähig gewesen, hätten es

> »Zu welchen Zeitpunkten und mit welchen Mitteln das Ghetto und damit die Stadt Lodsch von Juden gesäubert wird, behalte ich mir vor. Endziel muß jedenfalls sein, daß wir diese Pestbeule restlos ausbrennen.« (Aus einem geheimen Rundschreiben des Regierungspräsidenten Uebelhoer; zit. n. Weg, S. 154)

die Deutschen bereits weit vor dem August 1944 ausgelöscht. Das belegt ein Vermerk des SS-Sturmbannführers Rolf-Heinz Höppner vom Juli 1941, der vermutet, »daß Regierungspräsident Uebelhör nicht wünscht, daß das Getto in Litzmannstadt verschwindet, da er mit ihm ganz gut zu verdienen scheint«. (Weg, S. 169)

Das bedeutet umgekehrt keinesfalls, dass sich für die Bewohner des Gettos gute Leistungen lohnen. Ganz im Gegenteil: Hunger und Krankheit bestimmen die Tage im Getto. Wer arbeitet, erhält zwar mehr zum Leben als der Nichtarbeitende. Aber auch Arbeiter bekommen mit 1100 Kalorien pro Tag zum Leben zu wenig und zum Sterben meist nicht zu viel. Viele Juden verhungern, zahlreiche andere kommen im Zuge der Deportationen um.

Jerzy Becker hat als Kind schieres Glück, nicht in ein Todeslager verschleppt zu werden. Als eine entsprechende Großaktion ansteht, werden vor allem Kinder unter zehn Jahren und Erwachsene über 65 ausgewählt. Vielleicht bleibt Jerzy die Deportation nur erspart, weil ihn der Vater auf dem Meldeschein für das Getto vorsorglich um ein, zwei Jahre älter macht. Aber auch mit dem erfundenen Geburtsdatum vom 30. September 1937 – an das wirkliche erinnert sich der Vater später nicht mehr – liegt Becker noch immer weit unter der tödlichen Zehnjahresgrenze. Warum er trotz der gründlichen Selektionen dem Massenmord entkommt? Das ist nicht überliefert und grenzt an ein Wunder.

Erfundenes Geburtsdatum

Wann genau Becker das Getto in Lodz verlässt, ist ebenfalls nicht nachweisbar. Dokumentiert hingegen ist, dass er am 22. Oktober 1944 mit seiner Mutter im KZ Ravensbrück eintrifft; sein Vater bleibt als Arbeiter im Lodzer Getto, bis er nach Auschwitz deportiert wird. Nach dem Sieg der Roten Armee gehören Anette und Jerzy Becker zu den schwer kranken Lagerinsassen, die von Ravensbrück nach Sachsenhausen verlegt werden. Anette Becker stirbt dort wenige Wochen später an der mangelhaften Ernährung der letzten Jahre und wird am 2. Juni 1945 in Sachsenhausen bestattet. Ihrem Tod verdankt Jerzy wohl sein Leben. »Es gibt Informationen«, sagt Becker später, »daß ich auf Kosten meiner Mutter überlebt habe, die

Tod der Mutter

mir im Lager ihr bißchen Essen gegeben hat. Sie ist verhungert, ich nicht.« (zit. n. Heidelberger-Leonard, S. 96) Anette Becker bleibt für den Sohn zeitlebens unfassbar. »Ich glaube, meine Mutter ist eine Theorie für mich, die ich mir aus wenigen Mitteilungen meines Vaters zusammengebaut habe«, sagt Becker in einem Interview. »Und es gibt auch kein Bild, kein Photo von ihr.« (zit. n. Heidelberger-Leonard, S. 89)

Mieczysław Becker überlebt Auschwitz und sucht fieberhaft seine Familie. Über das American Jewish Joint Distribution Committee (JOINT) erfährt er vom Tod seiner Frau und dass sein Sohn noch lebt. In Sachsenhausen findet Becker seinen Jerzy, der vor Schwäche nicht einmal mehr gehen kann. Vater und Sohn erkennen sich kaum wieder, Hunger und seelisches Leid haben ihre Körper entstellt. Durch Muttermale des kleinen Jungen weiß Vater Becker jedoch, dass seine Suche erfolgreich ist – ein Lichtblick nach nazidunkler Zeit. Der Krieg wurde gerade so überlebt, mehr lässt sich für die beiden Beckers nicht bilanzieren. Nun soll etwas Neues beginnen. Um die Vergangenheit hinter sich zu lassen, gibt Mieczysław seinem Sohn und sich neue Namen: Max und Georg Becker – und geht nach Ostberlin.

Ein Neubeginn in Ostberlin (1945-1954)

Unmittelbar nach 1945 geht es den Beckers wie vielen anderen, die knapp dem Tod entronnen sind. Irgendwie auf die Beine kommen heißt die Losung der Stunde, und was man braucht, ist elementar – genug zu essen und ein Dach über dem Kopf. Max und Georg Becker wohnen in Berlin zunächst in einem Lager am Teltower Damm, wo der kranke Georg **»Opfer des Fa-** medizinisch versorgt wird. Er ist als »Opfer des Faschismus« **schismus«** offiziell registriert, und so teilt man ihm geringfügig mehr Lebensmittel zu als sonstigen Zwangsvertriebenen, die täglich 300 Gramm Brot, einen halben Liter Suppe, einmal wöchentlich noch eine Tomate und ein größeres Stück Margarine erhalten. Als es Georg allmählich besser geht, wird er in einem jüdischen Kinderheim in Niederschönhausen verpflegt. Nicht zuletzt wegen solcher Vorteile schließen sich Max und Georg Becker der Jüdischen Gemeinde von Berlin an, die von den

Becker steht stramm – Das älteste Foto Beckers stammt aus dem Sommer 1946. »Übrigens ist meine Frau entzückt von meiner linken Hand auf diesem Bild«, schreibt Becker am 31. Januar 1988 dem *Zeit*-Redakteur Volker Hage (Briefe, S. 213)

Alliierten Ende 1945 wieder zugelassen wird, um sogenannten Displaced Persons, Flüchtlingen und Zwangsvertriebenen, zu helfen. Kurz darauf bezieht Georg mit seinem Vater ein möbliertes Zimmer in Prenzlauer Berg, in der Prenzlauer Allee 226. Dieser Bezirk gehört zu den ärmsten im sowjetischen Sektor, in dem nach Kriegsende weit über eine Million Menschen leben. Warum sich die beiden Beckers in dieser Besatzungszone niederlassen, hat mit der gefühlten Nähe von Beckers Vater zu den Sowjets und damit zu tun, dass zufällig im östlichen Sektor eine Wohnung für sie frei ist.

Zu dieser Zeit ändert Beckers Vater seine Biographie; alle amtlichen Zeugnisse, die dagegen sprächen, hat der Krieg vernichtet. Er nennt sich Max, macht sich um jene sechs Jahre jünger, die ihm der Krieg genommen hat, und ist demnach am 3. November 1906 geboren. Als Geburtsort erfindet er Fürth. Sein Sohn heißt fortan Georg, was dem polnischen Jerzy entspricht, und gilt gemäß Abstammungsgesetz als Deutscher. Das vereinfacht die Integration. In einem Formular für die Jüdische Gemeinde Berlin vom 1. August 1946 betont Max Becker, dass er Widerstand gegen die Deutschen geleistet hat. Er habe ein Radio besessen, verbotenerweise, und sei deswegen deportiert worden. Diese erfundene Widerstandsbiographie gehört neben den geänderten Vornamen und dem retuschierten Geburtsdatum und Geburtsort zum neuen Leben, das Becker mit seinem Sohn beginnen möchte.

Anfang Februar 1946 verbessert sich die Lage für Max und Georg Becker. Sie bleiben weiterhin in Ostberlin und beziehen eine größere Wohnung in der Lippehner Straße 5, der heutigen Käthe-Niederkirchner-Straße. Hier befreundet sich Max Becker mit Irma Kautsch, einer Deutschen, die mit ihren beiden Söhnen im selben Haus wohnt. Irma schickt Georg zu ihren Eltern aufs Land, damit er zu Kräften kommt. Zwar wird er dort besser verpflegt, aber er fürchtet – getrennt von

Neue
Biographien

seinem Vater und dem vertrauten Umfeld – den seltsamen Humor von Irmas Vater, der Georg an jene ›bösen Deutschen‹ erinnert, denen er gerade entkommen ist.

Das Leben läuft ordentlich an für die Beckers, wenn man die widrigen Umstände berücksichtigt – aber warum eigentlich siedelt Max Becker nach Deutschland über, in jenes Land, das den Massenmord an den Juden zum politischen Programm erhoben hatte? Beckers Wahl erstaunt nur auf den ersten Blick, denn »an der sowjetischen Besatzungszone und später an der DDR interessierte ihn nur eines: daß die Antifaschisten dort das Kommando hatten«. (Mein Vater, S. 249) Polen kommt in mehrfacher Hinsicht nicht in Frage. Erstens haben die Beckers dort alles verloren, und zweitens fühlt sich Max Becker als Opfer des NS-Regimes in einem Deutschland, das allmählich entnazifiziert wird, sicherer als in seiner langjährigen Heimat, wo er den alten Antisemitismus fürchtet. Der Sohn erinnert sich an Worte des Vaters, nach denen schließlich nicht die polnischen Antisemiten den Krieg verloren haben. Max Becker vertraut mithin darauf, »daß die Diskriminierung von Juden gerade an dem Ort, an dem sie ihre schrecklichsten Formen angenommen hatte, am gründlichsten beseitigt werden würde«. (Mein Vater, S. 15) Die geänderten Vornamen sollen helfen, sich ins neue Leben unauffälliger einzupassen. Da Max Becker Fürth als Geburtsort angibt, zählt er offiziell zu den »Heimkehrern«. Bei allem Wunsch nach Eingliederung möchte Max Becker in Deutschland trotzdem ein Fremder bleiben. Beckers Vater sympathisiert mehr mit den Besatzern als der einheimischen Bevölkerung und legt Wert darauf, sich zu unterscheiden: »Er redete andauernd von *den Deutschen* als von den anderen […]. Er fragte: Wie behandeln dich die Deutschen in der Schule? Er lehrte mich, wie ein Zuschauer zu leben, und als er eines Tages zu erkennen glaubte, daß mir diese Haltung nicht mehr gefiel, sagte er: Laß sie ruhig spüren, daß du nicht zu ihnen gehörst – sie werden es sowieso nie vergessen.« (Mein Vater, S. 249 f.)

Sowohl durch das väterliche Leitbild als auch durch seine Sprachdefizite – Max Becker spricht und schreibt ein mäßiges Deutsch und vermag deswegen nur bedingt zu helfen – fühlt sich Georg in der Schule zunächst als Außenseiter. Unter diesen Verhältnissen verläuft die sprachliche Entwicklung für einen künftigen Schriftsteller alles andere als ideal. Polnisch spricht Becker als Kleinkind, aber Getto wie Lager verhindern eine altersgemäße Sprachentwicklung. »Erst mit acht, fast neun Jahren fing ich an, Deutsch zu lernen, mein Polnisch war da aber ganz und gar nicht das eines Neunjährigen«, erinnert sich Becker. »Es war im Sprachumfang eines Vierjährigen steckengeblieben.« Im Lager schnappt er von der deutschen Sprache nur diejenigen Wörter auf, die überlebenswichtig erscheinen: »Die ersten deutschen Vokabeln, an die ich mich erinnere, stammen aus jener Zeit: ›Alles alle‹, ›Antreten – Zählappell!‹ und ›Dalli-dalli‹.« (Warnung, S. 10) Becker lernt das Deutsche nicht nebenbei wie ein Muttersprachler, sondern mühevoll, zumal sein Vater abrupt, aber in bester Absicht aufhört, mit ihm Polnisch zu reden. »Er vermutete, daß mir dann gar nichts anderes übrigbleiben würde, als im Handumdrehen Deutsch zu lernen«, sagt Becker. »Was er nicht bedacht hatte, daß ich das Polnische viel schneller vergaß, als ich die neue Sprache lernte.« (Mein Vater, S. 82) So schwebt Becker einige Zeit geradezu sprachlos im Leerraum zwischen dem Polnischen und dem Deutschen.

Durch den Krieg wird Becker erst mit knapp neun Jahren eingeschult. Er überragt seine Mitschüler zwar um einen Kopf, bleibt aber sprachlich um Längen hinter ihnen zurück. Seine Größe und sein schlechtes Deutsch lassen ihn wie einen Fremdkörper in der Klasse wirken. Darunter leidet Becker, denn er möchte, dass ihn seine Mitschüler anerkennen. Und so gilt sein Ehrgeiz dem Deutschlernen. Auf Kosten der anderen Fächer verwendet er seinen ganzen Fleiß auf die deutsche Sprache, um »dem Spott und den Nachteilen zu entkommen, die sich daraus ergaben, daß ich als einziger Achtjähriger weit und breit nicht *richtig* sprechen konnte.« (Mein Vater, S. 16) Sein Vater unterstützt ihn beim Lernen mit einem ausgeklügelten Belohnungssystem. Wenn Becker eine Seite fehlerfreies Deutsch schreibt, bekommt er maximal fünfzig Pfennige. Je-

Eine fast normale Familie? – Becker turnt wie jedes Kind gern auf den Schultern des Vaters herum, Strandbild um 1950

Sport bleibt
zeitlebens
Beckers Leiden-
schaft –
Konzentration
beim Tisch-
tennis, ca. 1950

der Fehler schmälert den Verdienst um fünf Pfennige. Das stachelt Becker an, und er verbessert sich ständig in den Diktaten und Aufsätzen. »Bald wurde die Sache meinem Vater zu teuer«, schreibt Becker, »und er handelte mich auf zehn Pfennig pro Fehler und später noch weiter nach oben.« (Warnung, S. 11) Auf dieses erfolgreiche System setzt Max Becker auch weiterhin. 1948 verspricht er seinem Sohn, er habe einen Wunsch frei, wenn er in die nächste Klasse versetzt wird. Welch ein Anreiz für Georg! Er lernt eifrig und überspringt nach dem ersten Schuljahr sogar die zweite Klasse. Als Belohnung wünscht er sich ein Radio, das sein Vater nur dank seiner guten Beziehungen auf dem Schwarzmarkt beschaffen kann. Durch das Radio öffnet sich für ihn eine Welt voller Kultur, in die er mit großer Leidenschaft eintaucht. Er hört alles querbeet: von den Boxkämpfen Max Schmelings bis hin zu den fantastischen Geschichten Jules Vernes. Bei allem sprachlichen Ehrgeiz bleibt Georg jedoch ein normaler Junge, der sich wie sein Vater für den Sport begeistert. Georgs Traum von einer Fußballerkarriere machen hingegen Probleme mit dem Meniskus rasch ein Ende, aber er lernt im Deutschen Sportverein das Boxen und gewinnt im Tischtennis so manche kleinere Meisterschaft.

Traumberuf
Fußballer

Später sieht Becker seinen jugendlichen Spracheifer mit gemischten Gefühlen: Hat ihn die Schulzeit, in der er zwischen

Versuch und Irrtum immer virtuoser über das Deutsche verfügt, sprachlich nicht unerhört sensibel gemacht? Gereicht es einem Schriftsteller also zum Ruhm, wenn er die Sprachnormen wie einst als Kind mustergültig erfüllt? Oder sind nicht vielmehr jene Autoren zu beneiden, »die Regeln verletzen, die Sprache zerbrechen, wie um nachzusehen, was drin ist«? (Warnung, S. 12) Sprachexperimente jedenfalls werden nicht zu Beckers Metier, wenn man ihn an der konkreten Poesie und radikalen Sprachbefragern wie Ernst Jandl, Franz Mon oder Arno Schmidt misst. Becker erzählt traditionell, probiert aber dabei Standpunkte aus, die vor ihm noch keiner eingenommen hat – mit einem Blick auf die unmittelbare Vergangenheit wie in *Jakob der Lügner, Der Boxer* und *Bronsteins Kinder* oder mit Kommentar zur aktuellen Gegenwart wie in *Schlaflose Tage* oder *Amanda herzlos*. Beckers Romane irritieren gewohnte Lesarten der Welt und erfüllen eine Poetik, die der Autor so umreißt: »Alles, was Kunst ist, ist Störung, jedem Störer brennt seine Angelegenheit so auf der Seele, daß er sich fürs Aufsehen, also für die Störung entschieden hat.« (Mein Vater, S. 129)

»Kunst ist [...] Störung«

Um so weit zu kommen, braucht Becker wie jeder gute Schriftsteller eine Initiation, die den jungen Menschen auf die Dichterspur setzt. Bei aller Skepsis, ob ein einzelnes Ereignis ein gesamtes Schreibleben begründen kann, gibt Becker folgendes Erlebnis als Urgrund seiner Schriftstellerei aus. Für den späteren Prosa-Autor sei ein eigenes Gedicht wegweisend gewesen, in dem es heißt: »Oma und Opa kamen dann in ihren Sonntagskleidern an.« Gern holpert man mit dem jungen Dichter durch seinen Vers und vermutet zu seinen Gunsten

»Mein Vater lebte damals mit einer Frau zusammen, mit einer Deutschen. Ich war elf Jahre, als die Eltern der Frau silberne Hochzeit hatten. Ich habe zu diesem Anlaß ein Gedicht geschrieben, in dem die Zeile steht, die ich Ihnen gerade zitiert habe. Dieses Gedicht habe ich meinem Vater gezeigt. Und was ist passiert? Mein Vater, der seinen einzigen Sohn natürlich liebte, hat es behandelt, als wäre es von Shakespeare.« (Jurek Becker; zit. n. Heidelberger-Leonard, S. 104)

eine Zäsur nach »dann« und einen Reim auf »an«. Beckers Vater wird lange Zeit nicht müde, allen möglichen Bekannten und Freunden das Gedicht seines talentierten Sohnes vorzulesen, der bei solchen Gelegenheiten vor Stolz nahezu vergeht. »Mir ist das Bewußtsein vermittelt worden«, erinnert sich Becker, »mit einer Gabe gesegnet zu sein, die nur ganz, ganz wenige Leute haben. Und deshalb, so meine Schlußfolgerung, bin ich später Schriftsteller geworden.« (zit. n. Heidelberger-Leonard, S. 104) Zudem sei er in der Nachkriegszeit geradezu »auf Erzählen getrimmt worden« und habe sich daheim wie in einem »Erzählwettbewerb« gefühlt: »Wenn ich uninteressant war, hat man mir das deutlich zu spüren gegeben. Und das ist für einen, der dann später schreibt, wahrscheinlich

ein gutes Training.« (zit. n. Graf, S. 62) Ebenfalls hilfreich für Georgs noch weiten Weg zum Schriftsteller sind die beiden deutschen Freundinnen des Vaters. Nach Irma Kautsch lebt Max Becker Anfang der fünfziger Jahre mit Dora Großpietsch zusammen. Auch wenn er sie nie heiratet, gehört Dora zur Familie und bleibt bis an Max' Lebensende bei ihm. Von beiden Muttersprachlerinnen profitiert Georg reichlich.

Gruppenbild mit Eisbär – Max Becker und seine Freundin Dora Großpietsch bei einer Feier

Als sich durch die Währungsreform im Jahre 1948 die Wirtschaft im Ost- und Westsektor Berlins neu formiert und der Kalte Krieg vernehmlicher zu spüren ist, entscheidet sich Max Becker bewusst für die Ostzone. Kurz danach werden die Bundesrepublik Deutschland (BRD) und die Deutsche Demokratische Republik (DDR) gegründet, und die Beckers gehören zum neuen Staat im Osten.

Lehrjahre in der DDR (1955-1969)

Beckers Leben soll aussehen wie das anderer junger DDR-Bürger. Er möchte »durchschnittliche Sitten und Verhaltensformen entwickeln, so unauffällig wie möglich« (zit. n. Heidelberger-Leonard, S. 109), sagt Becker rückblickend. Auf väterlichen Wunsch tritt er 1951 der Freien Deutschen Jugend (FDJ) bei, einem außerschulischen Verband, der zum staat-

lich geförderten Erziehungssystem gehört. Ein normaler Ju-
gendlicher in der DDR ist erst Mitglied bei den Jung- und
den Thälmannpionieren und schließlich bei der FDJ, wodurch er Nachteilen bei der späteren Wahl von Arbeits- und
Studienplatz vorbeugt. Anfangs bleibt Beckers Engagement
für die FDJ überschaubar, zumal er wegen seiner Schwäche
für Western häufig und heimlich Kinos im amerikanischen
Sektor besucht – für einen waschechten FDJler undenkbar!
Der junge Becker probiert seine Grenzen aus und wird selbst-
bewusster, was ein Vermerk auf dem Zeugnis der Klasse 11 b
der Käthe-Kollwitz-Schule belegt: »Betragen gab häufig Anlass zu Klagen. Seine Überheblichkeit, die einer gewissen Un-
reife entspringt, muss er ablegen.« (zit. n. Gilman, S. 54) Becker reift heran und erwirbt zunehmend mehr Ansehen, da er
an seiner Schule die politischen Aktivitäten organisiert. Trotz
mancher Wandlung zum Besseren scheint Becker seinen Leh-
rern, die sich von ihrem Zögling ein noch ausgeprägteres
politisches Bewusstsein wünschen, kein Musterknabe. In
der »allgemeinen Beurteilung« des Reifezeugnisses heißt es:
»Georg ist sehr lebhaft, so daß es ihm mitunter an Konzentration mangelt. Seine Anlagen sind gut, er besitzt ein logisches
Denkvermögen. G. ist sehr hilfsbereit und kameradschaft-
lich.« (JBA, Nr. 464) Die Lehrer befürworten ein Studium der
Germanistik, als Becker 1955 die Schule verlässt, denn immerhin sind seine Leistungen in Deutsch, Geschichte und Ge-
genwartskunde »sehr gut«, in Physik, Biologie und Körperer-
ziehung »genügend«, in allen anderen Fächern »gut«. Neben
dem Votum der Lehrer begünstigen außerschulische Motive
die Zulassung zum Studium an der Berliner Humboldt-Universität. Sie soll für das Leid der frühen Jahre entschädigen,
das Becker zu einem »Opfer des Faschismus« macht. Einmal
mehr ist er ein Besonderer, ob er will oder nicht.
Mit einem Germanistik-Studium direkt nach der Schule
klappt es dann doch nicht. Becker bewirbt sich vergeblich
und versucht einen Umweg: »Man sagte mir, ich könne meine Chancen erhöhen, indem ich freiwillig zur Armee ging.«
Beckers Vater hält überhaupt nichts davon, zumal er seinen
Sohn etwas Anständiges studieren lassen und ihn am liebsten

**Zwischen FDJ
und Westkino**

als Mediziner sehen möchte. »Er glaubte, mich mit Beziehungen irgendwie doch in das Studium schieben zu können, aber das schien mir noch schlimmer zu sein als die zwei Jahre bei der Armee.« (Briefe, S. 143 f.)

Kurz nach dem Schulabschluss tritt Becker der Sozialistischen Einheitspartei Deutschlands (SED) bei, am 1. September 1955 nimmt er für zwei Jahre seinen Dienst bei der Kasernierten Volkspolizei auf. Nach einer dreimonatigen Grundausbildung in Ludwigsfelde arbeitet er im Schichtdienst beim Wachschutz in Berlin. Das bietet den Vorteil, nicht in der Kaserne, sondern zu Hause wohnen zu können. Wie bei vergleichbaren militärischen Einheiten dieser Art lässt die tägliche Routine genügend Raum für die Lektüre. Zu den Büchern, die Becker besonders beeindrucken, gehört Max Frischs *Stiller*, der ihn in Hinblick auf *Jakob der Lügner* lehrt, »dass Bestürzung nicht unbedingt den schwarzen Anzug tragen muss und der Spaß nicht immer nur das Sporthemd«. (zit. n. Gilman, S. 64) Becker liest jede Menge, bewährt sich als Volkspolizist und darf im Juli und August 1956 als Belohnung drei Wochen in die Sowjetunion reisen – von Leningrad über Sotschi am Schwarzen Meer bis nach Tiflis und Moskau. In einem handschriftlichen Lebenslauf vom 9. Februar 1957 erweckt Becker den Eindruck, er habe aus schierer Dankbarkeit der DDR gegen-

Zwei Jahre Volkspolizist

»Holländischer Flottenbesuch in Leningrad« schreibt Becker unter dieses Foto – Aus dem Album von seiner Rundreise durch die Sowjetunion im Sommer 1956

über zunächst Dienst bei der Volkspolizei geleistet. »Durch meinen Dienst […] wollte ich einen kleinen Teil meiner Schuld an unserem Staat zurückbezahlen«, heißt es dort. »Nach dem Studium hoffe ich, den weitaus größeren Teil zu begleichen.« (JBA, Nr. 485)

Nach dem Armeedienst entscheidet sich Becker gegen die Germanistik und schreibt sich 1957 an der Humboldt-Universität für Philosophie ein, weil er nicht Literarhistoriker, sondern Schriftsteller werden möchte. Seine Beiträge für die Studentenzeitschrift *tua res* sowie für das Ostberliner Kabarett »Die Distel« sind die ersten schriftstellerischen Versuche, die sich erhalten haben. Philosophie erscheint Becker als das »horizontweitendste Studium« (zit. n. Graf, S. 67), bedeutet in der DDR jedoch vor allem, die marxistisch-leninistischen Klassiker in Hinblick auf einen staatstragenden Überbau auszulegen. Das hat sich Becker anders vorgestellt; er ist enttäuscht vom Studium und provoziert durch seine Kleidung, zum Beispiel durch eine Lederjacke, die aussieht, als sei sie mit Westgeld bezahlt. In Wirklichkeit hat er sie sich durch seine Rente als »Opfer des Faschismus« leisten können.

Studium und Schreibanfänge

Mehr als ein Lichtblick bedeutet in dieser Zeit Beckers innige Freundschaft zu Manfred Krug, die 1956 entsteht und ein Leben lang hält. Alles beginnt im Ostberliner »Klub junger

Manfred Krug

> »Ich begleitete ihn am Abend unserer ersten Begegnung quer durch Ostberlin bis zu seiner Straßenecke, wo wir redeten und redeten. Ich hatte einen Bleistiftstummel, aber beide konnten wir keinen Fetzen Papier in unseren Taschen finden. So schrieb ich seine Adresse an die Wand einer Eckruine. Am nächsten Tag fuhr ich dorthin, um sie mir abzuschreiben. Jurek hatte sich meine Adresse gemerkt. Bald darauf besuchte er mich in meiner möblierten Bude. Von da an konnte man sagen, daß wir unzertrennlich waren.« (Manfred Krug, Neuigkeiten, S. 11)

Künstler«, einem extravaganten Ort der Boheme. Nachdem sich die knapp 20-Jährigen im »Klub« gefunden haben, tauschen sie auf dem Heimweg die Adressen und suchen sich drei Jahre später eine gemeinsame Bleibe. Wie wichtig sich die Freunde sind, belegen auch die Postkarten aus diesen Jahren. Dienen manche lediglich dazu, frotzelnd den Kontakt zu halten, so sollen andere kleinere Streitereien auf den Boden der Freundschaft zurückholen. Und sie scheuen dabei auch kein Pathos – wie etwa bei der Postkarte von 1957, auf der sich Becker mit einem mehrstrophigen Gedicht mit Krug versöhnt: »Als Alexander sich / den Freund zum Feinde machte / und ich / der andre / auch nicht klüger war / war Freund genug für alle Welt / zu trauern / der Gott der Zwietracht / sonnte sich im Siege // Sagt / hat denn nicht der Krieg / mit ungezählten Opfern / ein volles Maß des Leids / in unsre Welt gegossen? // Die Quelle neuer Freude / sei von Stund an freigelegt / aus ihr soll ungetrübt / die Zukunft / Bahn sich brechen / Noch diese Woche.« (zit. n. Krug, Neuigkeiten, S. 10 f.) Das Gedicht vermittelt einen Eindruck, wie die Freunde miteinander umgehen. Bildung und Kunst dienen ihnen der Selbstüberhöhung – so borgt Krug zu dieser Zeit seinen Vornamen von Alexander dem Großen – und gleichzeitig dazu, ironisch wie alltagstauglich mit Sprache zu hantieren.

»Es war quasi Liebe« – Jurek Becker mit Manfred Krug in der Cantianstraße 22, wo die Freunde rund drei Jahre gemeinsam wohnen

1959 zieht Becker, nicht unbedingt zur Freude des Vaters, mit Krug zusammen. Das sieht auf den ersten Blick wie ein normaler Schritt ins Erwachsenenleben aus, bedeutet aber bei genauerem Hinsehen Distanz zu einem Vater, mit dem das gemeinsame Leben in den letzten Jahren schwieriger geworden ist. Anfang der fünfziger Jahre arbeitet Max Becker als

Kaufmann, alles scheint noch in Ordnung. Nach der Arbeit trifft er sich oft mit jüdischen Freunden in einem Lokal und spielt Billard. Was er dort an Alkohol verbraucht, wächst jedoch zu einem Problem heran, das dem Sohn zunehmend größere Sorgen macht. Max Becker tröstet sich damit über finstere Zeiten hinweg, die er nicht vergessen kann. Aus dem öffentlichen Leben in der DDR, das eine Reihe verbindlicher Treffen vorsieht, hält er sich mit dem Hinweis auf seine schwachen Sprachkenntnisse heraus. Im Dezember 1954 erklärt man ihn – eine Spätfolge der Lageraufenthalte – für arbeitsunfähig, und er bleibt fortan zu Hause. Die Freiräume daheim werden folglich enger für seinen Sohn, und so ist der Schritt nach draußen absehbar. Und den vollzieht er mit einem Freund wie Krug voller Euphorie. »Kaum waren wir uns begegnet, zogen wir zusammen«, erinnert sich Becker. »Wären wir Mann und Frau gewesen, hätte man das Liebe auf den ersten Blick nennen können.« (Mein Vater, S. 182) Ganz ähnlich klingt es bei Krug: »Es war quasi Liebe.« (Neuigkeiten, S. 11)

Becker steht mitten im Studium und Krug ist gerade von der Schauspielschule verwiesen worden, als sich die beiden Freunde in der Cantianstraße 22 einen ehemaligen Gewürzladen als Wohnung herrichten, dessen Vanillegeruch sie all die Jahre an seine ursprüngliche Bestimmung erinnert. In der Cantianstraße bleiben sie rund drei Jahre, bis Becker Rieke Hüttig kennen lernt und eine Familie gründen möchte. Krug bringt Becker, der bis dahin von seinem Vater versorgt wird, alles bei, was zu einem selbständigen Leben gehört: »Von ihm lernte ich, daß Handtücher gewechselt, Mülleimer geleert und Betten bezogen werden müssen, daß man, wenn man Hunger hat, das Essen nicht nur aus der Speisekammer holt, sondern davor noch aus dem Lebensmittelladen; ich lernte Rücksichtnahme, Rücksichtslosigkeiten und eine gewisse Art von Durchsetzungsvermögen, ohne die meine Biographie bestimmt einen anderen Verlauf genommen hätte.« (Mein Vater, S. 182)

Im neu gegründeten Haushalt sind zu Beginn nicht nur künstlerisch-akademische Qualitäten gefragt. Während Krug

Eine Wohnung voller Vanille

beispielsweise für Frank Beyers *Fünf Patronenhülsen* in Bulgarien und im Harz vor der Kamera steht, muss Becker beim Umbau des Gewürzladens mehr Hand anlegen, als ihm lieb ist. Was eine gemeinsame Wohnung werden soll, sieht Becker als »optimistische Tragödie« an, und das vor allem wegen eines Malers, der sein Handwerk unzureichend beherrscht. »Er arbeitet so beschissen, daß die Wände weinen«, schreibt Becker an Krug. »Ich vermute, daß er außer seiner chronischen Faulheit an einer viel schlimmeren Krankheit leidet – er muß farbenblind sein.« (zit. n. Neuigkeiten, S. 24 f.) Trotz solcher Hindernisse gelingt die Renovierung letztlich.

Ihre Beziehung erleben Becker und Krug als dermaßen eng, dass sie sich eine Zeit lang als Brüder ausgeben. Erst als Krug kahler und dicker wird und Becker seine Figur und Haarpracht weitgehend behält, beenden sie dieses Spiel. Häufig gehen die ›Brüder‹ in der »Koralle« tanzen, der ersten Nachtbar in der DDR mit Aktfotos an den Wänden. Für Becker interessieren sich zumeist die attraktivsten ›Fräulein‹, was seinem Mitbewohner einigen Respekt abnötigt. »Man hätte sie alle an erstklassige Model-Agenturen loswerden können«, schreibt Krug, »wenn es sowas gegeben hätte. […] Jurek war der Mann, dem sie einfach in die Arme fielen.« (Neuigkeiten, S. 26)

Wie in jeder guten Freundschaft wechseln Streitereien mit Versöhnungen ab. Da beide zum Cholerischen neigen, ergreifen sie strenge Maßnahmen, um in bewegten Zeiten den Hausfrieden zu wahren. So zeichnen sie beispielsweise in ihrer Küche eine »Demarkationslinie« ein, die keiner von beiden überschreiten darf. »Wir haben die Mauer erfunden, bevor es sie gab«, sagt Becker. (*Der Stern*, 15. 12. 1994) Die beiden reiben sich nicht nur aneinander, sondern früh schon am Staat und seinen Vertretern. Zunächst eine harmlose Begebenheit: Von einem Reservistenlehrgang im August 1958 in der Uckermark bekommt Krug von Becker in knapp drei Wochen fünf Postkarten. Obwohl er im privaten Umfeld seit jeher Jurek heißt – was nichts anderes ist als die Koseform von Jerzy –, gibt er darauf als Absender »Stabsgefreiter Georg Becker« an, vermutlich, um Ärger mit seinen Vorgesetzten zu vermeiden

– der sich jedoch prompt einstellt, als Krug einen Brief an den
»ehrenwerten Herrn Stabsgefreiten« adressiert. (Neuigkeiten,
S. 19)
Neben solch belanglosen Problemen mit staatlichen Autori-
täten gibt es in dieser Zeit andere, die den guten Willen des
jungen Becker strapazieren. Das illustriert folgende Geschichte: Becker hilft in den Ferien wie jeder brave Student bei Ern-
teeinsätzen. Mit der Philosophie von Marx und Engels im Ge-
päck reist Becker bei einem dieser Einsätze als wahrer Über-
zeugungstäter zu einem Dorf im Oderbruch. Dort möchte er
die Bauern im Sinne der Partei für das kollektive Wirtschaften
in einer LPG gewinnen. Becker setzt auf die Kraft trefflicher
Argumente, erlebt aber nur die dunkle Seite staatlicher Gewalt: »Da standen vor den Häusern von solchen Bauern, die
sich weigerten, Wagen mit Lautsprechern; die brüllten Tag
und Nacht, daß es sich bei dem Bauern Soundso um ein reak-
tionäres Subjekt handelt, das sich dem Fortschritt in den Weg
stellt und sich weigert, der gesellschaftlichen Entwicklung das
Tor zu öffnen. Nach zwei Tagen fuhr ich nach Hause.« So viel
eigene Meinung sieht die staatliche Ordnung offenbar nicht
vor. »In den Büchern hatte gestanden, daß das Prinzip der
Freiwilligkeit geradezu ein zentrales Element ist. Ich fuhr also
nach Hause, weil unsere Aktion nichts mit dem zu tun hatte,
was ich für richtig hielt. So kam es zu meinem ersten kleinen
Auftritt mit der Partei.« (zit. n. Heidelberger-Leonard, S. 110)
Beckers Widerspruch erwächst aus besten Absichten, aus
höchster Loyalität zur DDR. Er sieht zwar Theorie und Praxis
der staatlichen Philosophie auseinanderklaffen, aber nichts
liegt ihm zu dieser Zeit ferner, als sich dem Klassenfeind im
Westen anzunähern.

**Widerspruchs-
geist und
Loyalität**

Auch wenn Becker im Innersten edle Motive treiben, bemerkt
man an der Universität äußerlich eher den Widerspruchsgeist
eines durchaus vielversprechenden Studenten. Beurteilungen
von Becker heben meist sein Talent hervor – immerhin absolviert er im Mai 1958 seine Zwischenprüfungen mit »gutem«
Erfolg und schneidet in den beiden nächsten Jahren jeweils
mit einem »Befriedigend« ab – und betonen zugleich seinen
mangelnden Fleiß. Dem entspricht ein Gutachten, das Be-

cker nach dem zweiten Studienjahr erhält. Es entwirft das Bild eines jungen Mannes, der mehr leisten könnte, aber immerhin eine lobenswerte Entwicklung zeigt.

>»Obwohl Georg Becker in den Seminaren gut mitarbeitet, zeigt diese Arbeit ebenso wie die Prüfungsergebnisse nicht das, was er seinen Fähigkeiten entsprechend leisten könnte. Seine Diskussionsbeiträge beruhen aber mehr auf dem Studium der Literatur, als das im vorigen Studienjahr der Fall war. B. läßt sich noch zu sehr durch private Studien ablenken, so daß eine Diskrepanz entsteht, insofern, als G. Becker sich für sein Berufsziel – Schriftsteller – das Philosophiestudium zur Grundlage gewählt hat, er aber andererseits dieses Studium etwas vernachlässigt. Die Vorzüge der sozialistischen Gemeinschaftsarbeit hat B. noch nicht voll erkannt und deshalb wenig dazu beigetragen, daß sein Studienkollektiv zur Arbeit kommt. Auf gesellschaftlichem Gebiet hat G. B. sehr wertvolle Arbeit im Agit.-Prop.-Trupp geleistet. Zur Zeit ist er Mitarbeiter der Zeitschrift *tua res*. Im Gegensatz zum vorigen Studienjahr ist hervorzuheben, daß er von sich aus mehr Bereitschaft zur gesellschaftlichen Arbeit zeigt.« (Beurteilung der Humboldt-Universität vom 29. Juni 1959, die Beckers fachliche und ›gesellschaftliche‹ Leistungen nach dem zweiten Studienjahr würdigt; zit. n. Müller, S. 49 f.)

Ein halbes Jahr nach diesem ordentlichen Gutachten steht Becker ein Disziplinarverfahren wegen einer Prügelei ins Haus. Bei einem Ernteeinsatz war es zu einem Handgemenge mit einem Fahrer gekommen, der Becker trotz starken Regens nicht im Führerhaus mitfahren lassen wollte. Für Becker als Mitglied der FDJ und der SED erhält diese Bagatelle besonderes Gewicht. Er bekennt reumütig seine Fehler, als er den Fall darstellt, zumal der Fahrer sein Tun »als stellvertretend für das eines Studenten und eines Parteimitgliedes halten mußte. Ebenso die anderen Arbeiter. Daß ich mich in einer Situation befand, in der ich ziemlich aufgeregt war, kann nicht als Entschuldigung dienen. Ich war mir der Tragweite meiner Handlung nicht bewußt und sehe mich dem Disziplinarverfahren nicht zu unrecht ausgesetzt.« (zit. n. Müller,

S. 51) Beckers Philosophie-Dozent Wolfgang Heise möchte ihm für diesen handgreiflichen Gefühlsausbruch lediglich »einen Denkzettel« verpassen, »ohne daß er relegiert wird o. ä.« (zit. n. Müller, S. 50) Becker bekommt seinen Denkzettel, wird mündlich verwarnt, und das genügt der Institutsleitung als erzieherische Maßnahme. Der SED-Grundorganisation Studenten reicht das hingegen nicht aus. In einem Brief an die Leitung des Instituts für Philosophie fordert sie, Becker zwei Jahre vom Studium freizustellen, damit er sich in einem Produktionsbetrieb ›bewähren‹ kann. Die Begründung für diese Maßnahme steckt voller Ressentiments. Pauschal werden Beckers »Überheblichkeit« und »Selbstgefälligkeit« sowie insgesamt seine »Einstellung zum Studium und zum Kollektiv« (zit. n. Müller, S. 52) gerügt. Ähnlich argumentiert die studentische FDJ-Gruppe, die Beckers staatliches Stipendium aus disziplinarischen Gründen für Mai und Juni 1960 auf rund die Hälfte verringern möchte – eine finanziell schmerzliche Strafe. Weder hohe Parteifunktionäre noch die Direktoren des Instituts weisen Becker so massiv zurecht, sondern seine Kommilitonen, die ihn von der Universität verweisen möchten. Bei den Machtverhältnissen in der DDR tut der stellvertretende Direktor des Instituts für Philosophie gut daran, den Anträgen der SED-Grundorganisation Studenten und der FDJ-Gruppe zu entsprechen, wobei er abschwächend vorschlägt, dass »nach einem Jahr über die Rückkehr oder den Verbleib des Studenten in der Praxis befunden werden sollte« (zit. n. Müller, S. 54). Am 4. August 1960 erfolgt Beckers **Exmatrikulation**, und zur Universität kehrt er nicht mehr zurück, jedenfalls nicht als Student.

Becker erscheint durch diese erzieherischen Maßnahmen als Abweichler, der wegen seines Eigensinns noch nicht für den sozialistischen Alltag taugt. In dieselbe Zeit fällt Beckers **Kontakt mit der Stasi** erster Kontakt mit dem Ministerium für Staatssicherheit (MfS), das als Geheimdienst für die »Sicherheit und den umfassenden Schutz der Deutschen Demokratischen Republik« (zit. n. Müller, S. 22) zu sorgen hat. Sein eigenwilliges Studentenleben scheint nach Aktenlage kaum der Anlass gewesen zu sein, dem Becker am 2. Februar 1961 seinen ersten

Ermittlungsbericht verdankt – drei Jahrzehnte Bespitzelung und rund 2 000 Aktenseiten sollten noch folgen. Der Grund, warum die Stasi auf Becker aufmerksam wird, ist das Notizbuch eines Agenten, in dem Beckers Name steht. Dadurch gerät Becker zunächst auch in Spionageverdacht, wird dann aber vor allem als möglicher Spitzel gesehen, der den besagten Agenten aushorchen könnte. Becker entzieht sich einer solchen Zusammenarbeit weitestgehend, so dass ein gewisser Oberleutnant Müller zwei Jahre später ernüchtert Beckers erstes Stasi-Kapitel abschließt: »Mit dem B. wurde Kontakt aufgenommen und für eine Mitarbeit des MfS gewonnen. Bei der Kontaktaufnahme gab er sein Einverständnis nur zögernd. Da er dann wenig Perspektive in der weiteren Bearbeitung des Vorgangs hatte, wurde mit ihm kein weiterer Treff durchgeführt.« (zit. n. Müller, S. 70) Die Stasi wirbt letztlich erfolglos um Becker als inoffiziellen Mitarbeiter, was jedoch keine negativen Folgen für ihn hat.

Aus seiner ›Beurlaubung‹ vom Studium folgt für Becker mehr oder weniger unmittelbar die Entscheidung für die Kunst. »Nachdem ich von der Uni geworfen worden war, hatte ich niemals einen anderen Beruf als den eines freiberuflichen Schriftstellers«, sagt Becker. (zit. n. Heidelberger-Leonard, S. 112) Diesen Beruf genießt Becker, weil er weitgehend tun und lassen kann, was er möchte. Dafür nimmt er alle Risiken in Kauf, die ein künstlerischer Beruf ohne regelmäßiges Monatseinkommen darstellt. Für Beckers Berufswahl mögen viele Faktoren wichtig sein, aber einer davon sei besonders erwähnt, weil die Geschichte, die Becker dazu rückblickend erinnert, so schön ist, als müsse sie wegweisend für seinen späteren Werdegang sein. Becker erzählt von seiner Berufung zum Schriftsteller in einem Brief, mit dem er im April 1995 dem Dichter Stephan Hermlin zum 80. Geburtstag gratuliert.

Hermlin setzt Becker auf die Spur des Schreibens, und bereits an der Universität hatte Becker den schriftstellerischen Ernstfall geprobt. Für die Studentenzeitschrift *tua res* der Humboldt-Universität schreibt er so manchen kritischen Beitrag über Westfilme und fürs Studentenkabarett kurze satirische

Freier
Schriftsteller

Leben

> »Neben dem unscheinbaren Schuldirektor und neben zwei,
> drei mäusigen Lehrern saßest Du da wie ein Außerirdischer: In
> einer rostbraunen Jacke, in grünem Rollkragenpullover, überle-
> gen, dunkelhaarig und schön, wie unsere Schule es noch nicht
> gesehen hatte. Ich glaube, es war der stärkste Eindruck, den je
> ein Mann auf mich gemacht hat. So einer, wie der da oben,
> wollte ich werden, so prächtig und anziehend war mir Schrift-
> stellerei noch nie begegnet.« (Jurek Becker am 2. April 1995
> zum 80. Geburtstag von Stephan Hermlin; Briefe, S. 327)

Szenen und Gedichte. Krug und Wolf Biermann, den er während seines Philosophie-Studiums an der Humboldt-Universität kennen lernt, vermitteln ihn zur »Distel«, dem bedeu-   **Arbeit**
tendsten Ostberliner Kabarett. Das bringt Becker Ruhm und   **fürs Kabarett**
Honorare von durchschnittlich hundert Mark pro Beitrag.
Mit seinen kabarettistischen Arbeiten für die »Distel« bewegt
sich der angehende Schriftsteller auf einem verminten Spiel-
feld, denn schließlich muss der *Staatsbürger* Becker die Grenzen der politischen Satire beachten, die der *Künstler* Becker
überschreiten möchte. Die Titel seiner Kabarett-Texte verraten mitunter schon ihre Stoßrichtung und heißen unter anderem *Affenkundig*, *Bundesratssitzung morgen*, *Vorderansicht eines
Versicherungspalastes*, *Begegnung im All*, *Männer machen Mist*
oder *Opfer für die Sicherheit*. Die Arbeit für die »Distel« schult
Becker darin, sein Land kritisch unter die Lupe zu nehmen.
Ein Beispiel dafür ist seine kabarettistische Szene *Tendenz fal-
lend*, in der ein Stückeschreiber dem sogenannten Ablehner
mehrmals sein aktuelles Werk vorstellt. Der Ablehner würdigt
und verwirft das vorgelegte Stück: Es »hat Anliegen, es hat
Geist, es hat Standpunkt, es ist kritisch, brillant geschrieben
– mit einem Wort – nicht zu machen«, zumal es sich gegen
einen Minister wendet. (zit. n. Kiwus, S. 33) Der Dichter mit
dem trefflichen Namen »Unverzagt« ändert sein Stück so lange, bis aus dem Minister ein Staatssekretär und dann ein Ab-
teilungsleiter geworden ist und zuletzt ein Pförtner des Minis-
teriums zur politisch unverdächtigsten Hauptfigur avanciert.
Nachdem der Stückeschreiber wie gewünscht geändert hat,
erwidert der Ablehner lapidar: »Na, ich bitte Sie! So viel Auf-

wand – ein ganzes Stück – wegen einem Pförtner!« (zit n. Kiwus, S. 36) Solche kleinen schriftstellerischen Bosheiten erhalten nicht die Freundschaft zu einem jungen Staat, der sich beim Start in die sozialistische Zukunft auch von den Künstlern gehörigen Zuspruch wünscht.

Fürs Kabarett arbeitet Becker bis 1965, aber davon allein lässt sich nicht leben. Nicht zuletzt deshalb widmet sich Becker nach seinem abgebrochenen Studium einem einträglicheren Handwerk – der Arbeit für Film und Fernsehen, die ihn **Film und** bis ans Lebensende begleitet. Neben dem international be-**Fernsehen** kannten Schriftsteller von *Jakob der Lügner* steht dadurch ein Filmautor, dessen Werk in der Summe mehr ausmacht als seine Romane und Erzählungen zusammen.

1960 besucht Becker an der Deutschen Hochschule für Filmkunst, der heutigen Hochschule für Film und Fernsehen Potsdam-Babelsberg, einen Kurs, der ihn auf die Film- und Fernseharbeit vorbereitet. Durch seine szenische Arbeit für die »Distel« bringt Becker gute Voraussetzungen mit, und so gelingen ihm rasch erste Produktionen. Neben kurzen Humoresken für die 1953 ins Leben gerufene DEFA-Reihe *Stacheltier* wie *Mit der NATO durch die Wand* (1961) stehen umfangreichere Vorhaben damals erfolgreicher Fernsehspiele und Spielfilme, von denen heute kaum noch die Titel bekannt sind. Genannt seien nur *Wenn ein Marquis schon Pläne macht* (1962), *Ohne Paß in fremden Betten* (1965), *Jungfer, Sie gefällt mir* (1969) oder *Meine Stunde Null* (1970). An Beckers Drehbucharbeiten schätzt man vor allem seine virtuose Dialog- und Handlungsführung. Bei Projekten, die aus seiner Sicht für allzu seichte Unterhaltung stehen, versteckt Becker sich hinter dem Pseudonym Georg Nikolaus. So bei einer mehrteiligen Komödie fürs Fernsehen, deren Folgen beispielsweise *Urlaub* oder *Mit 70 hat man noch Träume* heißen. Nachdem er schon einige Zeit Exposés und Drehbücher schreibt, wird er vom Mai 1964 bis zum Mai 1965 an der Deutschen Hochschule für Filmkunst in Potsdam-Babelsberg zum Szenaristen ausgebildet, was vermutlich seine Honorare erhöht. Stattliche **Szenarium zu** 14 000 Mark bringt Becker beispielsweise ein Vertrag im No-**Jakob der Lügner** vember 1964 für das Szenarium zu *Jakob der Lügner* ein.

Schreiberfahrung hat Becker vor seinem ersten Roman folglich jede Menge, und man muss sich den jungen und gefragten Drehbuchautor zu dieser Zeit als wohlhabenden Mann vorstellen. Becker sieht sich dennoch nicht als Filmautor, »sondern als einen, der eine Wartezeit überbrückt. Aber sicher ist richtig, daß ich, bevor ich mein erstes Buch schrieb, zehn oder zwölf Filme geschrieben habe. Und das ist wahrscheinlich nicht folgenlos für mein Schreiben geblieben«. (zit. n. Graf, S. 67) In der Tat haben die meist komischen Stoffe seiner Drehbücher einiges von dem Ton, in dem der erste Roman verfasst ist, und weisen auf die Mischung von Ernstem und Unterhaltsamem in *Jakob der Lügner* hin.

Anfang der sechziger Jahre sind die Weichen für Beckers Weg als Schriftsteller folglich gestellt. Zu dieser Zeit schottet sich die DDR massiver gegen den Westen ab. So lässt Walter Ulbricht am 13. August 1961 die Mauer bauen, um weitere **Mauerbau** Abwanderungen von DDR-Bürgern zu verhindern. Becker bleibt loyal gegenüber seinem Staat und denkt nicht daran, nach drüben zu gehen. Anders sein Schulfreund Helge Braune. Er verlässt die DDR kurz nach dem Mauerbau, als der ›antifaschistische Schutzwall‹ noch so manches Schlupfloch bietet. Eines Abends besucht er Becker und hat einige seiner liebsten Schallplatten dabei. Als Braune sich verabschiedet, lässt er die Platten stillschweigend bei seinem Freund. Tags darauf flieht er durch die Kanalisation in den Westen.

Becker sieht die Mauer wachsen und die Reisefreiheit schwinden. Er hadert jedoch nicht grundsätzlich mit der großen Politik, zumal er privat mit dem August 1961 ein viel reizvolleres Ereignis verbindet: die Heirat mit Erika Hüttig, die er immer nur Rieke nennen wird. Rieke arbeitet als Dekorateurin in einem HO-Laden und ging zur selben Schule wie Becker, jedoch zwei Klassen unter ihm. Becker begegnet ihr nach der Schule wieder, kurz nachdem er mit Krug in die Cantianstraße gezogen ist. Rieke ist bereits vor der Hochzeit schwanger und zieht mit Jurek in eine kleine Wohnung in der Hufelandstraße

Hochzeit mit Rieke – Am 15. August 1961 heiratet Becker seine Freundin Erika Charlotte Hüttig auf dem Standesamt Berlin Prenzlauer Berg

um, unweit von Beckers Vater. Am 15. August 1961 heiraten
Rieke und Jurek, und am 23. August kommt ihr erster Sohn
Nikolaus (Nicki) zur Welt, am 24. Mai 1964 Leonard (Lonni).
Im Laufe der Jahre verbessert sich die Wohnsituation für die
Familie. 1962 siedeln die Beckers nach Köpenick um und beziehen in der Argenauer Straße ein hübsches Haus mit Gar-
ten, 1968 leisten sie sich – unter anderem durch Geld von
Riekes Mutter – ein Einfamilienhaus in Mahlsdorf. Wie die
meisten Schriftsteller arbeitet Becker zu Hause, wo er Famili-
enleben und Arbeit in Einklang bringen muss. Die Beziehung
zu seinem Freund Manfred Krug und dessen Frau Ottilie

bleibt auch nach der gemeinsamen Zeit in der Cantianstraße bewährt eng. Die Beckers mit ihren beiden Söhnen und die Krugs mit zwei Söhnen und einer Tochter unternehmen viel gemeinsam. »Wir hatten feste Regeln, wer wen wann besuchen mußte«, schreibt Krug, »denn unsere Häuser standen fast 30 km voneinander entfernt. Von unserer Arbeit erholten wir uns abends beim Skat.« (Neuigkeiten, S. 31)

Mit rund dreißig Jahren geht Becker durch seine Film- und Fernseharbeit ein guter Ruf voran, sein Debüt als Schriftsteller steht allerdings weiterhin aus. Dazu kommt er fast zufällig im Zuge seiner sonstigen Arbeit. 1963 schreibt Becker ein Exposé für einen Film, den er mit dem Regisseur Frank Beyer drehen möchte: *Jakob der Lügner*. Das Projekt bekommt in der DDR grünes Licht, jedoch gestalten sich die Drehgenehmigungen in Polen schwieriger als erwartet. Zudem fällt Beyer 1966 durch seinen ›parteischädigenden‹ Film *Spur der Steine* in Ungnade, in dem Manfred Krug den Antihelden Hannes Balla spielt. Beyer muss die DEFA-Studios Richtung Dresden

> »Die DDR-Zensur hat im Fall von *Jakob der Lügner* zu keinem Zeitpunkt versucht, Jurek oder mich zu veranlassen, Änderungen an unserem Stoff vorzunehmen. Aber die damalige DEFA-Direktion und die polnischen Kulturbehörden haben in jedem Fall eine Aktie an einem schönen Stück DDR-Literatur, denn hätten wir den Film, wie geplant, 1966 gedreht, wäre Jurek nie auf die Idee gekommen, diesen Stoff in ein Buch zu verwandeln.« (Frank Beyer, *Wenn der Wind sich dreht*, S. 187)

verlassen, was das vorläufige Aus für den *Lügner*-Stoff bedeutet. Vielleicht gerade wegen dieser Schwierigkeiten hält Becker an der Geschichte seines virtuosen Schwindlers Jakob Heym fest, der ein Getto des Zweiten Weltkriegs mit dem Lebensmittel Hoffnung versorgt. So arbeitet Becker ab 1967 aus Trotz an seinem ersten Roman, der zwei Jahre später in der DDR beim angesehenen Aufbau-Verlag erscheint. Und mit einem Mal geht alles ganz schnell für den jungen Autor: Noch vor der Publikation des Romans wird Becker in den Schriftstellerverband der DDR aufgenommen und nur wenig später gehört er als Mitglied des P.E.N-Clubs der DDR zur

Furioses Romandebüt

Garde von Schriftstellern mit internationalem Format – mehr als Achtungserfolge für den Debütanten.

Literaturpreise für Jakob der Lügner

Zwei Literaturpreise werten Beckers Arbeit zusätzlich auf und sichern ihm weitere Aufmerksamkeit. Zusammen mit Herbert Otto und Erik Neutsch erhält Becker 1971 den Heinrich-Mann-Preis der Deutschen Akademie der Künste der DDR; als jüngster der drei Preisträger darf er die Dankesrede halten. Die Laudatio Helmut Baierls stiftet einen Zusammenhang zwischen dem filmischen und literarischen Schaffen Beckers und lobt die zunehmende Kunstfertigkeit des Autors: »Da ist nichts mehr von der Oberflächlichkeit, wie sie manche seiner Filmszenen auszeichnete, da ist der Schriftsteller, bei allem Unfertigen schon Meister, der mit Ernst, Güte, Fairneß und flatterleichtem Humor durch die apokalyptischen Gründe seiner Jugend zieht.« (zit. n. Müller, S. 118) Erfährt die Öffentlichkeit kaum etwas vom Heinrich-Mann-Preis, so erregt der Schweizer Charles-Veillon-Preis, den Becker kurz darauf verliehen bekommt, in den Medien größeres Aufsehen. Trotz aller positiven Resonanz begreift Becker erst in der Rückschau, welch großer Wurf ihm mit *Jakob der Lügner* gelungen ist. »Als junger Mann war ich ein ziemlich angepaßter Autor«, sagt Becker in einem Interview, »ich schrieb Drehbücher und versuchte, möglichst ohne Ärger durch die Tage zu kommen. Dann erschien mein erster Roman ›Jakob der Lügner‹, und ich wurde im Westen bekannt. Das schützte mich. Auch wenn es unsympathisch klingt: Ich wurde um so mutiger, je mehr ich es mir leisten konnte.« (*Der Stern*, 15.12.1994)

Gewiss nützt es Beckers schriftstellerischer Karriere, dass sein Debüt früh in den Westen gelangt. Seine langjährige Lektorin

Lektorin Elisabeth Borchers

Elisabeth Borchers erinnert sich, wie sie *Jakob der Lügner* für Luchterhand und damit den Autor Becker für den westdeutschen Buchmarkt entdeckt: »In einem reichlich erschöpften Zustand nahm ich mir vor, eine kleine Auszeit zu nehmen, mit Lesematerial, das anstand, bewältigt zu werden. Ich meldete mich auf Sizilien an.« Dort liest sie den Erstling Beckers und bemerkt auf Anhieb seinen außergewöhnlichen Rang: »Die erste Seite genügte, um mich zu alarmieren. Ich rief gleich am nächsten Tag Otto F. Walter [seit 1969 Verlagsleiter – Anm.

O. K.] in Neuwied an, mit der Bitte festzuhalten, daß wir dieses Buch in das nächste Programm aufnehmen. Ein hoch politisches, ja philosophisches Buch etc. Und der ersten Seite folgten alle anderen Seiten. Und dann folgte, nach Rückkehr in den Verlag, das Gespräch, die Korrespondenz mit Jurek, die Telefonate, das Treffen in Ostberlin und eine stürmische Übereinkunft.« (Brief an den Verfasser, 23. 3. 2007)

Jakob der Lügner ist literarisch wie berufsbiographisch ein Schlüsselwerk für Becker, mit dem ihm der Durchbruch als Schriftsteller gelingt. Diesem Roman verdankt er zwei Literaturpreise in kurzer Folge, eine Ausgabe im Westen sowie zahlreiche Übersetzungen nebst überschwänglichem Presseecho im In- und Ausland. Durch den enormen Erfolg steht in der DDR die Verfilmung des Romans wieder zur Diskussion. Acht Jahre nach dem ersten Versuch geht Becker mit Beyer 1974 erneut das Projekt an. Nach den schlechten Erfahrungen mit Polen wird der Film im nordböhmischen Most (ČSSR) gedreht, einer Geisterstadt, die wegen darunter lagernder Braunkohle kurz vor dem Abriss steht. Der Film läuft 1974/75 im Fernsehen und im Kino und bringt eine Oscar-Nominierung als »bester ausländischer Film« ein. Für die Verfilmung von *Jakob der Lügner* bekommt das Filmteam 1975 den Nationalpreis der DDR. Für Becker ein nützlicher Preis, denn er würdigt die künstlerische Leistung und schützt seine Träger zugleich vor Kritik, da er ebenfalls höchste politische Anerkennung ausdrückt.

Der Film zum Roman

Für den Staatssicherheitsdienst bleibt Becker in den Jahren seines schriftstellerischen Durchbruchs unauffällig. Einzig seine Kritik an der Niederschlagung des Prager Frühlings im Jahre 1968 und eine Bagatelle, die das manische Kontrollbedürfnis der DDR besonders veranschaulicht, bringen ihm einige IM-Berichte ein. Auf einem Buchbasar bittet ein Besucher Becker, *Jakob der Lügner* nicht nur mit seinem Namen zu signieren, sondern auch das Land zu verzeichnen. Statt ›Deutsche Demokratische Republik‹ schreibt Becker ganz schlicht ›Deutschland‹ und wird dadurch bei der Stasi erneut aktenkundig. Wer darin ein Zeichen sehen möchte, dass Beckers Werk den Menschen jenseits und diesseits des Eiser-

nen Vorhangs gehört, dem gibt die Geschichte nachträglich
Recht.

Beckers Weg in den Westen (1970-1977)

Becker macht sein Romandebüt zu einem begehrten Beiträ-
ger. Schriftsteller wie Stefan Heym und Uwe Johnson, Redakteure und Literaturwissenschaftler schätzen seine Mitarbeit.
Becker gehört zur ersten Schreiberriege, und das schmeichelt
ihm. Dennoch nimmt er nicht alle Angebote, die ihm gemacht werden, begeistert an. Besonders wer Becker auf sein
scheinbar liebstes Thema, das Jüdische, festlegt, muss mit
einem Nein rechnen. Eine Besprechung für den *Spiegel* von
Max Fürsts autobiographischen Erinnerungen *Eine Jugend in
Königsberg* lehnt Becker deswegen ab.

> »Ich habe keine Lust, zu einer Art Fachmann für Semitisches zu
> avancieren. Mein ›Jakob‹ war kein Programm sondern eine Ge-
> schichte, die mir, mehr oder weniger zufällig, eingefallen ist.«
> (Jurek Becker an den *Spiegel*-Redakteur Thomas Schröder am
> 14. Oktober 1973; Briefe, S. 35)

Eine Position zu beziehen, fällt Becker in dieser Zeit nicht
schwer. Wie genüsslich er seine Popularität ausspielt, bekommt
auch Erich Selbmann zu spüren, Chefredakteur der DDR-
Nachrichtensendung *Aktuelle Kamera*. Die Redaktion bittet
Becker um eine Solidaritätsadresse für Kinder in Vietnam, die
das Fernsehen jedoch nie ausstrahlt – und zwar, weil Beckers
Haare den Verantwortlichen zu lang erscheinen. Daraufhin
schreibt Becker Selbmann von seinem Herzenswunsch, sich
einmal im Leben in der *Aktuellen Kamera* zu sehen. Dafür
würde er sich sogar die Haare abschneiden lassen. »Allerdings
muß ich Sie darauf aufmerksam machen«, fügt Becker hinzu,
»daß ich jüdischer Abstammung bin. Ich nenne Ihnen lieber
gleich diesen potentiellen Hinderungsgrund, damit sich nicht
wieder im Nachhinein Komplikationen einstellen.« (Briefe,
S. 24)

In den frühen siebziger Jahren etabliert sich Becker als Autor
und gewinnt zunehmend mehr literaturpolitischen Einfluss,
unter anderem durch den DDR-Schriftstellerverband, zu des-

sen Vorstand im Bezirk Berlin er seit 1973 gehört. Lustvoll geißelt er bei einer Mitgliederversammlung jene Autoren, die um jeden Preis veröffentlicht werden möchten. Dadurch entstehe eine parteikonforme »sozialistische Gartenlaubenliteratur« (zit. n. Kiwus, S. 84), die qualitativ und vom gesellschaftlichen Anspruch nicht Beckers Maßstäbe erfüllt. Beckers wachsendes Selbstbewusstsein spürt auch Aufbau bei den Vertragsverhandlungen für *Irreführung der Behörden*, um deren Publikation der Verlag mit dem Autor in zahlreichen Gesprächen ringt. Bei seinem zweiten Roman möchte Becker die Westrechte aus dem Vertrag ausklammern. Die bekommt er nicht, aber eine höhere Auflage und eine höhere prozentuale Beteiligung am Honorar. Dennoch scheitert die Zusammenarbeit, und zwar am Inhalt. Zweifelsohne hört der Verlag jene kritischen Untertöne, die in Beckers prall mit Gegenwart gefüllter Geschichte um den anpassungsfreudigen Schriftsteller Gregor Bienek anklingen, und bittet um Korrekturen. Becker bleibt hart und der Vertrag wird aufgelöst, offiziell »wegen unzulänglicher künstlerischer Qualität« (zit. n. Müller, S. 140) des Manuskripts. Den bereits gezahlten Vorschuss von über 5 000 Mark darf Becker vertragsgemäß behalten.

Der zweite Roman

Ohne größere Schwierigkeiten wechselt Becker mit dem Buch zum Rostocker Hinstorff Verlag – kein alltäglicher Vorgang in der DDR bei einem gescheiterten Projekt. Hinstorff ist zwar bedeutend kleiner als Aufbau, aber das Programm der Rostocker hat einen guten Ruf, zudem gilt der Verlag als wagemutiger – 1973 beispielsweise veröffentlicht Hinstorff Ulrich Plenzdorfs skandalträchtiges Theaterstück *Die neuen Leiden des jungen W.* Verlagsleiter Konrad Reich gibt vor allem Nachwuchsautoren eine Chance, denen man einen Weg als Schriftsteller zutraut. Bis dahin scheint es für den neuen Autor jedoch noch ein Stück, denn Reichs Hausgutachten stuft Beckers Buch bei allem handwerklichen Geschick als »sozialistische Unterhaltungsliteratur« (zit. n. Müller, S. 144) deutlich hinter *Jakob der Lügner* ein; Reich vertraut aber auf die weiteren Arbeiten Beckers. Das Kulturministerium scheint diese Lesart zu teilen und segnet Beckers Manuskript anstandslos ab. Das Buch erscheint 1973 fast gleichzeitig in Ost und West.

Verlagswechsel

Auch im Westen wechselt Becker den Verlag. Er geht von Luchterhand zu Suhrkamp, einem der wichtigsten Literaturverlage der BRD, wodurch Becker an Prestige gewinnt. Der Grund für den Wechsel: Beckers Lektorin Elisabeth Borchers hat einen neuen Arbeitsplatz, und Becker ist ihr gefolgt. In der Arbeit der beiden gehören kritische Töne zum freundschaftlichen Umgang. Als sich Borchers windet, weil ihr *Irreführung der Behörden* ein wenig »suspekt« erscheint, gibt Becker vor, wie er sich künftig die Zusammenarbeit wünscht: »Schreiben ist keine Bitte um mildernde Umstände, da haben die Fetzen zu fliegen, Rücksichten hierbei sind fast immer falsche Rücksichten, und ich verfüge über keinen falschen Hals, in den ich Kritik kriegen könnte, bei Dir schon gar nicht.« (Briefe, S. 19) Ganz in diesem Sinne reagiert Becker, als in die Westausgabe der *Irreführung der Behörden* »37 Fehler und Ungenauigkeiten« hineingeschludert werden. Er ist mit einem Wort »stocksauer«. (Briefe, S. 25)

Im Dezember 1973 erfährt Becker, dass er für *Irreführung der Behörden* den Bremer Literaturpreis erhalten soll. Ein Grund zur Freude, gewiss, aber auch eine Zwickmühle für den jungen Autor. Denn Literaturpreise aus dem kapitalistischen Ausland – besonders solche aus der BRD – sieht die DDR-Führung mit gemischten Gefühlen, selbst nachdem mit Walter Ulbrichts Nachfolger Erich Honecker kulturpolitisches Tauwetter angebrochen scheint. So sehr die DDR-Literatur auf internationalem Parkett wirken soll, so wenig möchte man Bücher prämieren lassen, die sich systemkritisch gebärden. Stets droht die Gefahr, dass die Preisverleiher im Westen einem DDR-Kritiker eine Bühne für weitere öffentliche Sticheleien bereiten. Mitunter macht erst westliches Lob ein Buch in der DDR verdächtig. Nach Ansicht des stellvertretenden Kulturministers der DDR, Klaus Höpcke, werde »mit der Vergabe von Preisen an DDR-Autoren eine Politik betrieben [...], die darauf abzielt, oppositionelle Stimmungen

Bremer Literaturpreis

hervorzurufen und den gesamtdeutschen Anspruch der BRD aufrecht zu erhalten«. (zit. n. Müller, S. 162 f.) Die Kulturfunktionäre der DDR raten Becker folglich dringend davon ab, den Preis anzunehmen, und schlagen vor, ihn in Höhe des Preisgeldes mit 10 000 Mark zu entschädigen. Ob der Vorschlag aus der Furcht geboren ist, Becker würde wie Christa Reinig, eine frühere Preisträgerin, im Westen bleiben oder die Öffentlichkeit für missliebige Reden nutzen, ist nicht überliefert. Eine Stasi-Notiz hält fest, wie Becker dazu steht, eine Frage der Ehre zu einer der Finanzen zu machen: »B. betonte mir gegenüber, daß er ›denen‹ geantwortet habe, er wäre doch keine Nutte, die Geld nimmt.« (zit. n. Müller, S. 158) Höpcke lässt Becker dennoch nach Bremen ausreisen, um größeren publizistischen Schaden von der DDR abzuwenden.

Wie sensibel zu dieser Zeit im deutsch-deutschen Verhältnis kleinste protokollarische Veränderungen wahrgenommen werden, zeigt die Preisverleihung. Becker kommt am 26. Januar 1974 nach Bremen und nimmt den Preis nicht wie üblich im Rathaus der Stadt, sondern in den Kammerspielen entgegen. Ebenfalls unüblich, dass ihm weder der Bürgermeister noch ein Senator gratuliert. Der Bildungssenator sei durch eine Grippe verhindert, heißt es, und werde durch seinen Senatsdirektor vertreten. Der Reporter der *Welt* spekuliert über die zweitrangige personelle Besetzung und den Ortswechsel und ahnt, warum das so ist. Eine Lesung des Preisträgers, in der »mindestens ein dutzendmal das Wort ›Scheiße‹ in etlichen Variationen« (*Die Welt*, 28. 1. 1974) vorkomme, gehöre einfach nicht ins Rathaus. Was aber scheren Becker die wahren Beweggründe der Bremer, wenn er den Literaturpreis zu öffentlichen Statements nutzen kann? In einem Interview mit der *Frankfurter Rundschau* in Ostberlin, das am Tag vor der Preisverleihung erscheint, betont Becker, dass zum Selbstverständnis eines DDR-Autors die »gesellschaftliche Relevanz« seiner Bücher gehöre. Er komme nach Bremen, weil dort keine »gesamtdeutsche Show« abgezogen werde und er es »für normal und in der Ordnung halte, daß ein DDR-Autor einen ausländischen Literaturpreis annimmt, an den keine diskriminierenden Begleitumstände gebunden sind«. (*Frankfurter Rund-*

schau, 25. I. 1974) Durch die Reise nach Bremen hat Becker in der DDR keine offensichtlichen Nachteile, ganz im Gegenteil: Neben dem Geld und neuen Kontakten bringt ihm der Preis sogar ein Porträt in der New Yorker Zeitung *Aufbau* ein. Nach und nach bildet sich über die Grenzen der DDR hinaus eine Öffentlichkeit, die Becker bei Problemen mit seinen Büchern und Ansichten den Rücken stärkt.

Irreführung der Behörden startet bei den Lesern zunächst besser als *Jakob der Lügner*. Laut Becker verkauft sich die Erstauflage von 15 000 Exemplaren in zwei Tagen, *Jakob der Lügner* brauchte für 10 000 Exemplare rund drei Jahre. Vor diesem Hintergrund hätte Becker allen Grund, bei gegenwärtigen Stoffen zu bleiben. Der Tod seines Vaters am 30. März 1972 lässt ihn jedoch noch einmal tief in die Vergangenheit eintauchen. Er schreibt *Der Boxer* und zeichnet in diesem Roman die Biographie eines jüdischen Überlebenden von der Zeit nach dem Zweiten Weltkrieg bis zu den frühen siebziger Jahren nach. Dass mit dem Kriegsende weder die Vätergeneration noch die Söhne ausgelitten haben, führt die Geschichte Aron Blanks vor Augen. *Der Boxer* erzählt von einer Welt, die sich nicht den Kriegfolgen widmen, sondern ein neues Leben beginnen möchte. In dieser Welt, die seinen körperlichen und seelischen Schmerz nicht lindern kann, lebt Aron Blank wie ein Fremdkörper. »Von draußen sieht es aus wie normales Leben«, sagt Aron, »in Wirklichkeit sitzt du noch im Lager, das in deinem Kopf weiterexistiert.« (*Der Boxer*, S. 103)

Bereits am 29. November 1972 liefert Becker Konrad Reich fünfzehn Zeilen, die den Inhalt des Romans umreißen. Von der Handlung bis hin zu einzelnen Motiven steckt *Der Boxer* voller autobiographischer Bezüge und spiegelt gleichsam literarisch die Arbeit an jenen Fragen wider, die Becker seinem Vater nie gestellt hat. Wie es typisch für die Vätergeneration ist, vermeidet Max Becker, in der Vergangenheit zu kramen. Wenn der Sohn fragt, ist er geradezu verstockt. »Die Grundsituation dieses Buches – ein relativ junger Mann sitzt einem gegenüber, der nicht mit der Sprache rausrücken will, der zwar seine Anwesenheit will, aber eigentlich von ihm in Ruhe gelassen werden möchte – die kam mir bekannt vor«

Wachsende Popularität

Tod des Vaters

(zit. n. Graf, S. 61), schreibt Becker. Mit dem Roman versucht er somit, eine Lebensgeschichte wiederherzustellen, die nur bruchstückhaft vorhanden ist. Die Literaturkritik nimmt Beckers Studie eines unpolitischen Menschen skeptisch zur Kenntnis, was die Breitenwirkung des Romans hingegen nicht verhindert. Sein neues Buch stellt Becker auf einer ausgedehnten Lesereise durch Westdeutschland, die Schweiz und Österreich vor, die er mit einem Urlaub in Paris verbindet; Rieke begleitet ihn. Das ist alles andere als selbstverständlich, denn nur wenige Schriftsteller in der DDR dürfen Lesereisen ins kapitalistische Ausland unternehmen. Die sogenannten Reisekader machen weit weniger als ein Prozent der gesamten Bevölkerung der DDR aus. Becker gehört zu den Bevorzugten, von denen sich der Staat eine positive Wirkung im Ausland erhofft.

Becker schreibt schon an *Schlaflose Tage*, seinem nächsten Roman, als es in der DDR immer vernehmbarer kriselt. Ein wahrhaftes Fanal öffentlicher Kritik stellt zu dieser Zeit die Selbstverbrennung des evangelischen Pastors Oskar Brüsewitz im August 1976 dar. In der Kultur sieht es nicht wesentlich entspannter aus. Nach einer anfangs liberaleren Phase unter Honecker schrumpft der künstlerische Spielraum wieder auf die Maße der Ulbricht-Ära zusammen. Mit den Diskussionen um *Die wunderbaren Jahre* Reiner Kunzes, die 1976 im Westen erscheinen und das Erziehungssystem der DDR kritisieren, rücken Becker diese Probleme näher. Der Schriftstellerverband schließt Kunze aus – und Becker protestiert gegen den Versuch, all jene Autoren einzuschüchtern, »die in wesentlichen Fragen anders denken als die Mitglieder des Präsidiums des Schriftstellerverbandes der DDR. Ich schreibe diesen Brief also nicht so sehr um Reiner Kunzes willen wie vielmehr in eigener Sache«. (Briefe, S. 52)

Kunze und Biermann

Die Biermann-Affäre führt zu einer weiteren Eskalation. Wenige Stunden nach seinem Kölner Konzert am 13. November 1976 wird der Liedermacher aus der DDR ausgebürgert. Die überaus rasante politische Aktion lässt vermuten, dass schon lange feststeht, diesen ungeliebten Künstler loszuwerden. Bereits seit 1965 durfte Wolf Biermann nicht mehr in der DDR auftreten, da er mit der Westpublikation von *Die Drahtharfe* allen Kredit bei den Funktionären verspielt hatte. Selbst staatstreuen Künstlern und Intellektuellen reißt bei der Ausbürgerung Biermanns der Toleranzfaden.

Mehr als 100 von ihnen protestieren mit einem offenen Brief. Die östlichen Medien drucken die Protestnote nicht ab, so geht sie im Westen über die Ticker. Zu den Erstunterzeichnern gehören neben Becker unter anderem Volker Braun, Franz Fühmann, Stephan Hermlin, Stefan Heym, Sarah Kirsch, Heiner Müller und Christa Wolf.

Für immer im Westen – Unmittelbar nach seinem Konzert in der Kölner Sporthalle wird Wolf Biermann am 13. November 1976 aus der DDR ausgebürgert

Der Staat spürt massiv öffentlichen Druck und muss handeln. So verabreden sich drei Regierungsvertreter mit einem Dutzend Künstlern zu einer Aussprache, um die Wogen zu glätten und um größeren Schaden von der DDR abzuwenden. Man trifft sich privat bei einem der Unterzeichner des Protests, Manfred Krug, der das Gespräch heimlich auf seinem Tonband mitschneidet. »Mein ehrbares Haus dürfte an diesem Nachmittag des 20. November 1976 die bestbewachte Immobilie Ostberlins gewesen sein«, erinnert sich Krug. »Für

»Wolf Biermann war und ist ein unbequemer Dichter – das hat er mit vielen Dichtern der Vergangenheit gemein. Unser sozialistischer Staat, eingedenk des Wortes aus Marxens ›18. Brumaire‹, demzufolge die proletarische Revolution sich unablässig selber kritisiert, müßte im Gegensatz zu anachronistischen Gesellschaftsformen eine solche Unbequemlichkeit gelassen nachdenkend ertragen können. Wir identifizieren uns nicht mit jedem Wort und jeder Handlung Biermanns und distanzieren uns von Versuchen, die Vorgänge um Biermann gegen die DDR zu mißbrauchen. Biermann selbst hat nie, auch nicht in Köln, Zweifel darüber gelassen, für welchen der beiden deutschen Staaten er bei aller Kritik eintritt. Wir protestieren gegen seine Ausbürgerung und bitten darum, die beschlossenen Maßnahmen zu überdenken.« (Aus der Protestnote gegen die Biermann-Ausbürgerung; zit. n. Kiwus, S. 103)

vier Stunden lebten wir inmitten eines Fuhrparks von dunklen Limousinen.« (Krug: *Abgehauen*, S. 16) Zu einer Lösung führt die Aussprache nicht, und deshalb versuchen die Staatsvertreter auf andere Weise, Ruhe im Land herzustellen. Als den Unterzeichnern des Protests dementsprechend berufliche und private Nachteile drohen, ziehen viele von ihnen ihre Unterschrift zurück. Becker und Krug bleiben standhaft. Dafür ändert sich ihr Leben rascher, als sie gedacht haben. Krug bekommt kaum noch Arbeitsangebote und möchte deswegen die DDR verlassen. Im letzten Monat vor seiner Ausreise besucht ihn Becker fast täglich. An einem dieser Tage macht Becker etwas, was er vorher noch nie getan hat – er stellt seinem Freund sein aktuelles Manuskript vor. Es bedeutet geradezu eine Schlüsselstelle für diese Zeit des Umbruchs, dass Becker zum Abschied rund eine Stunde aus *Schlaflose Tage* vorliest, seiner Geschichte eines Lehrers, der den zivilen Ungehorsam gegen die DDR probt. Was zwischen beiden Freunden zum Sozialismus und seinen menschlichen Grenzen zu sagen ist, sagt Becker mit seinem Roman, den er als einziges von seinen Werken als »›Dissidenten‹-Buch« (zit. n. Graf, S. 51) bezeichnet.

Krugs Ausreise trifft Becker hart: »Ich kann mich nicht erinnern, jemals in meinem Leben so einsam gewesen zu sein wie in diesen Monaten, ohne ihn in Ost-Berlin.« (Mein Vater, S. 183) Sehr bald steht für Becker fest, dass er Krug folgen wird, denn ihm ergeht es ähnlich wie seinem Freund. Die SED entfernt Becker ebenso aus ihren Reihen wie im Dezember 1976 der Berliner Bezirksvorstand des Schriftstellerverbands der DDR. Am 4. April 1977 tritt Becker angesichts des neugewählten Vorstands, durch den er sich nicht vertreten fühlt, aus dem Verband aus. Dazu kommen nach der Biermann-Affäre wundersam geringe Absatzzahlen von *Jakob der Lügner*, der sich beispielsweise im dritten Quartal 1977 nur 25-mal verkauft haben soll. Zudem suchen Leser den Roman in Buchläden der DDR vergeblich. Das führt zum offenen Konflikt mit Harry Fauth, dem neuen und parteitreueren Verlagsleiter von Hinstorff – eine denkbar schlechte Situation für den neuen Roman und das Leben als Schriftsteller überhaupt.

Unter Druck

Was bleibt Becker anderes übrig, als ebenfalls in den Westen zu gehen? Ihn bewegen weniger politische als künstlerische Motive zu diesem Schritt. Erstens möchte er in einem Land leben, in dem seine Bücher erscheinen, und zweitens ist er nicht erpicht darauf, seine Energie als Widerstandskämpfer zu verbrauchen, wie es für ihn seit Mitte der siebziger Jahre der Fall ist. Auf seine literarischen Arbeiten dieser Jahre blickt Becker deswegen mit Skepsis. »Ich glaube nicht, daß eine Barrikade ein guter Platz ist, um Sätze zu formulieren«, schreibt Becker. »Es ist ein Platz, um Aufrufe zu verfassen, ein Platz für Akklamatorisches, aber nicht für Literatur.« (zit. n. Heidelberger-Leonard, S. 92) Becker steckt in einem Dilemma: Er verabscheut solche Flugblatt-Literatur, fühlt sich aber zu widerständlerischer Literatur geradezu genötigt, weil alles andere auf seine Leser und Kollegen gewirkt hätte, als würde er aufgeben. So kann er sich an den Fingern einer Schreibhand abzählen, dass er mit *Schlaflose Tage* nicht in der DDR erscheinen wird. Es kommt wie erwartet: Hinstorff entscheidet parteikonform und lehnt Beckers Roman ab, weil »der reale Sozialismus für einen moralisch bewußt lebenden Menschen als unannehmbar dargestellt wird«. (zit. n. Kiwus, S. 123) Nachdem der ›Chefideologe‹ der SED, Kurt Hager, Becker am 22. September auf der Tagung des Kulturbundes öffentlich rügt und seine Rede am nächsten Tag im *Neuen Deutschland* abdrucken lässt, schreibt Becker an Gretchen und Jacques Klein: »Mein Buch ist jetzt endgültig in der DDR verboten und wird bald bei Suhrkamp in Frankfurt erscheinen«. (Briefe, S. 64)
Je mehr die staatlichen Vertreter Becker öffentlich ächten, umso stärker wächst im Geheimen seine Stasiakte. Die einschlägigen Dokumente belegen, wie aus einem Nationalpreisträger geradezu ein Staatsfeind gemacht wird. Unmittelbar nach der Biermann-Affäre, am 22. November 1976, legt die Staatssicherheit einen »Operativen Vorgang« unter dem leicht entschlüsselbaren Decknamen »Lügner« an. Damit beginnt für Becker eine Zeit intensiver Überwachung, die erst am 18. Oktober 1982 endet, als der Operative Vorgang »Lügner« abgeschlossen wird. Warum der Staat sich vor diesem Schriftsteller in Acht nehmen muss, begründet die Stasi mit

Operativer Vorgang »Lügner«

der »feindlichen Einstellung des *Becker*, seinen im Zusammenhang mit der Aberkennung der Staatsbürgerschaft für *Biermann* gemeinschaftlich mit anderen negativen Personen durchgeführten gegen die DDR gerichteten Aktivitäten und den an BRD-Journalisten übermittelten Informationen«. (zit. n. Müller, S. 200) Wahrhaft sammelwütig häufen die Informanten der Stasi Fakten zu Becker an, ohne von Beginn an genau zu wissen, in welche Richtung die Ermittlungen laufen sollen. Relativ beliebig lässt man in den Akten deshalb Beckers ›Sündenfall‹ 1968 mit seinen kritischen Äußerungen zum Einmarsch der Sowjets in die ČSSR beginnen. Wie in der Literatur verwandeln erst erzählerische Techniken – Dramaturgie, Spannung, Perspektive – die Masse einzelner Aktendaten »in eine Geschichte vom ›Feind‹«. (Müller, S. 284)

Von der geheimdienstlichen Arbeit ahnt Becker nur ansatzweise etwas. Bis ganz zuletzt versucht er sich mit der DDR zu arrangieren, aber das Tischtuch scheint bereits zerschnitten. In einem *Spiegel*-Interview weist Becker zwar darauf hin, dass er mit der DDR »trotz mancher Querelen« zufrieden gewesen sei, weil er stets den Eindruck hatte, sich als Schriftsteller einmischen zu können. Dann jedoch folgt eine Passage, die kein Offizieller gern lesen mag: »Ich will in diesem Land bleiben als jemand, der das veröffentlichen kann, was er schreibt; denn auf die Dauer ist das für einen Schriftsteller die einzige praktikable Methode sich einzumischen. Wenn es allerdings darum geht, den Mund zu halten, dann halte ich den Mund lieber auf den Bahamas.« (Mein Vater, S. 36)

Becker und Krug sind in diesen Jahren keine Einzelfälle. Unter den Künstlern kommt es zu einem Exodus, zumal Ausreisevisa für ›Störenfriede‹ in diesen Monaten leicht zu haben sind. Viele von Beckers Freunden gehen in den Westen, was die Schwelle für seinen eigenen Ausreisewunsch absenkt. Am 7. November 1977 zieht Becker einen vorläufigen Schlussstrich und schreibt dem Minister für Kultur der DDR, Hans-Joachim Hoffmann, einen Brief. Becker beantragt kein Einwegticket in den Westen, sondern ein Zweijahresvisum, das er für USA-Aufenthalte nutzen möchte, um gegebenenfalls danach aus dieser »festgefahrenen Situation« herauszukommen.

Schweigen oder einmischen?

»Seit geraumer Zeit lebe ich in Umständen, die mir von Tag zu Tag mißlicher erscheinen, unter denen ich nicht arbeiten kann und denen ich nicht länger ausgesetzt sein möchte. Ich halte es daher für eine naheliegende Lösung, die DDR zu verlassen.« (Jurek Becker am 7. November 1977 an Hans-Joachim Hoffmann, Minister für Kultur der DDR; Briefe, S.71)

In dieser Zeit großer öffentlicher Turbulenzen spitzt sich die Krise in Beckers Ehe zu, die am 4. April 1977 in eine Scheidung mündet. Nicki und Lonni werden der Mutter zugesprochen, die das gemeinsame Haus behält. Becker arbeitet tagsüber noch daheim, übernachtet aber in »einer Altbauhöhle im dritten Stock eines Hinterhauses«. (Krug: *Abgehauen*, S. 210) Mit Rieke und den Kindern, die aus privaten Gründen lieber im Osten bleiben möchten, hält er auch nach der Scheidung guten Kontakt.

Scheidung von Rieke

In den USA und anderswo (1978-1989)

Der Graben zwischen Becker und den Staatsvertretern wird tiefer, als Becker im Juli und September 1977 Interviews mit dem *Spiegel* und der *Frankfurter Rundschau* führt, in denen er über kulturfeindliche Züge der DDR redet. Das macht das Leben und Publizieren im Osten nicht einfacher. Mit Hermann Kant, Präsident des Schriftstellerverbandes der DDR, berät Becker deshalb, wie er möglichst unauffällig und ohne Ausreiseantrag aus der DDR verschwinden könne. Was er möchte: weiterhin DDR-Bürger bleiben, nicht zuletzt wegen seiner Söhne und Rieke. Die Zeichen stehen günstig, als Kant zwischen Becker und den Spitzen des Politbüros vermittelt: Becker will weg, und die Staatsführung möchte ihn ohne Eklat loswerden. Kurt Hager begrüßt Beckers Idee, vorerst in die USA zu gehen, damit Gras über die Sache wächst, und gewährt Becker Reisefreiheit. Dieses Privileg erhalten zu dieser Zeit wenige; Krug beispielsweise muss seinen Reisepass abgeben. Die DDR übernimmt für den ›Fall Becker‹ ein Verfahren, das bereits Polen und die ČSSR erfolgreich ausprobiert haben. Man lässt missliebigen Kulturschaf-

Reisefreiheit für Becker

fenden die Staatsbürgerschaft, aber sie leben anderswo quasi im Exil.

Mit dem Schritt in den Westen entzieht sich Becker der Zensur, aber auch Lesern, die eine lautstark-aufmüpfige Literatur fordern, mithin »einer Gesellschaft von Feiglingen, die es gern sah, daß alles Aufbegehren an eine bestimmte Berufsgruppe delegiert wurde, die sich selbst aber still verhielt«. (zit. n. Heidelberger-Leonard, S. 117) Anfang Dezember kommt Becker mit ein paar Habseligkeiten nach Westberlin, wo er zunächst bei seinem Freund Helge Braune absteigt. Becker kennt den

Liste von Gegenständen zur zeitweiligen Ausfuhr
aus der DDR

1. Div. Kleider   } 2 Koffer, div. Beutel
2. Wäsche
3. 1 Karton Bücher und Manuskripte
4. 4 Kartons Schallplatten und Kassetten
5. 1 Kassettenrecorder
6. 1 Schreibmaschine
7. 1 Karton Manuskripte
8. 1 Radioweckuhr
9. 1 kl. gußeiserner Tisch
10. 1 Ablage für Papiere
11. 1 Personenwaage

Absender: Jurek Becker, 115 Berlin, Wilhelm-Blos-Str. 25

Empfänger: Jurek Becker, bei Braune, 1 Berlin (West) 31,
           Brandenburgische Str. 74

Berlin, den 2. Dezember 1977

Kontrollvermerk
Waggon/LKW/Sch.Nr.: 2 Koffer, 2 Kartons, Reisetasche
beladen mit: ...
lt. Zollantrag angenommen. Sendung zum freien Verkehr/zollbinnenzoll-
amtlich abgefertigt.
I.-Sicherung: ohne
Datum: 5.12.77   Unterschrift/Kontrollstempel

Zollverwaltung der DDR
5 DEZ 1977
10
BZA Berlin

Ordnung muss sein – Liste von Beckers Habseligkeiten für den Zoll, als er den Osten Anfang Dezember 1977 mit einem Visum verlässt und zunächst bei seinem Freund Helge Braune unterkommt

Westen von seinen Reisen und ist hier populärer als im Osten, zumal seine Bücher zu dieser Zeit in der DDR nicht zu haben sind. Nicht ohne Ironie sieht sich Becker deswegen als »Kalter-Kriegs-Gewinnler«. (zit. n. Heidelberger-Leonard, S. 119) Trotzdem möchte er als Dissident im Westen nicht mit »geputzten Mikrofonen« (Gespräch mit Christine Becker; 23.11. 2005) empfangen werden, und so verweigert er sich fast zwei Monate den Medien. Becker widerstrebt es, »aus der DDR herzukommen, um von hier aus, am Kaminfeuer gewissermaßen, etwas zu tun, was BILD ›Abrechnen‹ nennen würde«. (*Der Abend*, 13.2.1978) Vor diesem Hintergrund gehört der USA-Aufenthalt zum Kalkül Beckers, um sich der westlichen Presse zu entziehen. Kurz bevor er in die USA startet, sagt Becker in der *Berliner Abendschau*, er halte es »für den wahrscheinlichsten Fall und übrigens für den erfreulichsten und wünschenswertesten, daß ich auf absehbare Zeit wieder in der DDR bin, wieder dort lebe«. (*Frankfurter Rundschau*, 8.2. 1978)

Ankunft in New York Becker kommt am 14. Februar 1978 in New York an. Schnell ist in der neuen Welt sein »Depot für erste Eindrücke« (Zukunft, S. 147) bis zum Rand gefüllt. In Ohio trifft er eine Woche später ein. Das dortige Oberlin College, an das ihn einer der Professoren, Richard Zipser, eingeladen hat, zählt mit le-

Good vibrations auf dem Sprungbrett – v. l. n. r. Jurek Becker, Mercy Thomas, unbekannt, Frances Dutro; USA, August 1978

diglich 2 500 Studenten und 500 Konservatoriumsschülern zu den gehobenen, kleinen Privatuniversitäten Amerikas. Drei Monate lang bringt Becker am German Department als Max Kade Writer-in-Residence den Studenten die deutsche Literatur näher. Die ersten Wochen in den USA begeistern Becker. Die Studenten seien »irrsinnig freundlich und neugierig, und sie müssen an ihrem Wissen über deutsche Literatur nicht allzu schwer schleppen« (zit. n. Kiwus, S. 140), erfahren seine Freunde Maria und Willy Moese. Vieles dort ist für Becker neu, nicht nur die Sprache. Amerika sei »so sauber, daß ich den ganzen Tag nach Chlor aufstoße« (Briefe, S. 82), schreibt er seiner Familie. Elisabeth Borchers teilt er stichwortartig mit, wie sein Leben in den Staaten aussieht: »Ich gehe schwimmen, halte Kolloquien, hab ne Freundin, hab ne Wohnung, hab mir n Auto gekauft, weiß nicht wohin vor Einladungen, und vor allem schreibe ich jeden Tag vier Stunden«. (Briefe, S. 80) Und voller Stolz erzählt er von seinem ersten eigenen Büro, an dem an der Tür sogar sein Name zu lesen sei. Stark sein hingegen muss Becker, als er auf einem Plakat eine Porträtzeichnung von sich sieht. »Ich finde, es ist ein starkes Stück, Veranstaltungen mit mir mit dem Bild des Glöckners von Notre Dame anzukündigen. Aber so malen die hier«, schreibt Becker, »sozialistischer Realismus ist das nicht.« (zit. n. Kiwus, S. 139)

Jurek Becker

Max Kade German Writer-in-Residence

Public Lecture in English by Jurek Becker.
306 King Building
Saturday, April 15, 4:00 PM

Jurek Becker reads from his own works in German.
Max Kade German House
Saturday, April 15, 7:30 PM

Film "Jacob the Liar" with English subtitles based on the book by Jurek Becker.
Bryant Lecture Hall/Kettering
Tuesday, April 25, 7:15 PM and 9:00 PM

»So malen die hier« – Becker erkennt sich auf einem Plakat für eine Lesung nur mit Mühe wieder

Einmal rücken ihm in Amerika eine *Stern*-Reporterin und das ZDF auf den Leib, ansonsten fühlt sich Becker in den USA fast anonym. Er kann sich freier bewegen als in der DDR, wo jeder Schritt kulturpolitisch gewichtig zu sein scheint. Obwohl ihm Leben, Lehren und Reisen in Amerika gut gefallen, fährt der Schriftsteller Becker – abgesehen von der Arbeit an seinem Band *Nach der ersten Zukunft* – eine spärliche Ernte ein. Fehlt ihm der Widerstand, fehlen ihm die Reibungsflächen, die er aus der DDR kennt? »Wahrscheinlich werde ich Amerika für mich behalten«, sagt Becker, »denn wie interessant der Aufenthalt auch war, ich finde den Grund zum

Schreiben nicht.« (zit. n. Heidelberger-Leonard, S. 107) Ausnahmen sind zwei kleinere, autobiographische Prosaarbeiten: *Ohio bei Nacht* und *New Yorker Woche*.

Amerika reizt Becker, aber scheint nichts für immer. »Ab Mitte Juli oder so […] wird mich einer der beiden deutschen Staaten wieder ertragen müssen« (Briefe, S. 92), schreibt er Burgel Zeeh, der Sekretärin des Suhrkamp-Verlegers Siegfried Unseld. Schweren Herzens entscheidet sich Becker gegen die Staaten und für das Land, wo man seine so mühsam erlernte Sprache spricht. Am 18. Juli 1978 landet er in Deutschland und wohnt erneut bei seinem Freund Helge Braune. Becker pendelt zwischen Ost und West und besucht häufig Freunde und Familie. »Bis Oktober war er so häufig in Ostberlin gewesen, dass nicht klar war, was er eigentlich wollte«, schreibt Beckers amerikanischer Biograph Gilman. »Im Laufe des nächs-

Rückkehr aus den USA

Beste Freunde – Jurek Becker mit Helge Braune, um 1975

ten halben Jahres fuhr er zweimal wöchentlich ›nach Hause‹.«
(Gilman, S. 193) Seine Freundin Hannah Zinn, eine 18-jäh-
rige Medizinstudentin aus Oberlin, kommt auf Beckers
Wunsch Ende Dezember in Berlin an. Mit ihr lebt er zusammen, bis er seine zweite Frau Christine kennen lernt.

Im Wintersemester 1978/79 lehrt Becker an der Universität
Essen als poet in residence zum Thema *Warum schreibe ich?*.
Danach verlässt er Deutschland ein weiteres Mal, als ihn
Henry Prais im Februar 1979 an die University of Edinburgh
einlädt. Becker hält in Schottland Vorlesungen über sein
schriftstellerisches Handwerk und den Grenzgang zwischen
Ost und West. Dort stellt er auch seinen neuen Erzählband
Nach der ersten Zukunft vor, an dem er bereits vor dem USA-
Aufenthalt gearbeitet hat. Das neue Manuskript ist für Becker
quasi ein Prüfstein. »Es hängt viel davon ab für mich«, schreibt
er dem niederländischen Übersetzer und Freund Jaap Walvis,
»zum Beispiel ob ich weiter in der DDR leben werde. Ich will
ja.« (Briefe, S. 96) Dieser Wunsch platzt, als Becker am 9. November 1979 mit Harry Fauth und Horst Simon von Hinstorff über das Manuskript redet. Verlag und Autor werden
sich nicht einig, und so kommt der Band im Herbst 1980 bei
Suhrkamp heraus.

Nach der zweijährigen Denkpause beantragt Becker am 28.
November 1979 beim Minister für Kultur der DDR, Hans-
Joachim Hoffmann, »die DDR für lange Zeit zu verlassen«,
zumal die Schwierigkeiten für ihn als Schriftsteller – u. a. gibt
es neue Copyright-Gesetze – nicht geringer geworden sind.
»In der DDR zu leben, würde für mich bedeuten, genau diese
erwähnten Schwierigkeiten zu einem Gegenstand meiner literarischen Arbeit zu machen«, schreibt Becker, »denn fast alles
andere erschiene mir im Vergleich dazu unwichtig. Das würde, unausweichlich, zu einer noch schärferen Konfrontation
führen.« (Briefe, S. 103 f.) Becker möchte DDR-Bürger bleiben, aber in den Westen umziehen. Er bekommt tatsächlich
ein Visum, das am 11. Dezember 1989 endet und ihm ermöglicht, beliebig herumzureisen. Becker wundert sich nur bedingt über das Langzeitvisum, denn schließlich sei er im Westen zwei Jahre lang »hübsch ruhig« geblieben und habe vor

**Langzeitvisum
für den Westen**

allem an einem Manuskript gearbeitet. Sein Reiseprivileg betrachtet Becker als »eine Art Honorar für diese Zurückhaltung« (*Der Spiegel*, 3.3.1980). Dafür spricht auch, dass mit Beckers Weggang aus der DDR die Stasi allmählich das Interesse an ihm verliert.

Wie sieht für Becker Anfang der achtziger Jahre die Situation als Schriftsteller aus? In den Westen wechselt er nicht nur als bekannter, sondern auch als auflagenstarker Autor. 1979 beträgt die Gesamtauflage der Werke Beckers – *Jakob der Lügner* (1969), *Irreführung der Behörden* (1973), *Der Boxer* (1976) – stolze 370 000 Exemplare, was ihn im Vergleich mit anderen DDR-Schriftstellern im oberen Mittelfeld rangieren lässt. Becker ist zudem jeder Menge Ostsorgen ledig, hat im wahrsten Sinne des Wortes und in künstlerischer Hinsicht mehr Bewegungsfreiheit, kann sich wieder *seinen* Themen widmen und muss sich nicht für jene literarisch engagieren, die aus der Staatsnot geboren sind. Beckers Platz im literarischen Betrieb sieht komfortabel aus. Auf einer ausgedehnten Lesereise wirbt er für den Band *Nach der ersten Zukunft*, er bekommt viele Angebote, etwas zu schreiben und im In- und Ausland zu lehren, und beschäftigt weiterhin die Medien. Er gehört beispielsweise zum Kreis jener Prominenten, die man einlädt, um den berühmten Fragebogen des *FAZ-Magazins* zu beantworten. Dort erfahren die Leser nicht nur, dass Maiglöckchen Beckers Lieblingsblumen sind, sondern auch, wo er leben möchte: »In einem Land, dessen Verhältnisse einmal so und einmal so sind, je nach den wechselnden Wünschen seiner Bewohner« (*FAZ-Magazin*, 8.10.1982) – eine bezeichnende Utopie für Becker, den Wanderer zwischen Ost und West. Die Ortswechsel genießt Becker, sie stiften neue Freundschaften und erweitern seinen Horizont. Darüber vergisst er jedoch nicht, was sein Leben vor der Ausreise bestimmt hat und ihm trotz scheinbarer Gelassenheit auf dem Herzen liegt. »Die Fremde kann eine hübsche Wohnung sein«, schreibt er Monique und Jaap Walvis, »ich arbeite gut, bin gesund, habe noch alle Zähne, meine einzige Krankheit ist die DDR.« (Briefe, S.108)

Becker weiß mittlerweile, dass ein freier Schriftsteller im Wes-

Lieblingsblumen:
Maiglöckchen

ten ein guter Selbstvermarkter sein muss, wenn ihn seine Arbeit ernähren soll. Die Konditionen für Becker sind sehr anständig, und er hat keine Scheu, darüber zu reden, wenn man ihn einlädt: »Ich denke, es ist nicht unbescheiden, wenn Sie für meine Unterkunft und die Fahrtkosten Sorge tragen und mir pro Veranstaltung ein Honorar bieten, das etwa fünfhundert Mark entspricht« (Briefe, S. 119), schreibt Becker Anton Regenberg, der ihn in Belgien vorstellen möchte. Geld spielt auch zwischen Verlag und Autor eine selbstverständliche Rolle, wobei es – genauso selbstverständlich – nicht immer konfliktfrei zugeht. Wie jeder ordentliche Schriftsteller setzt sich Becker mit seinem Verleger auseinander, der aus seiner Sicht zu wenig Vorschuss für seinen aktuellen Roman *Aller Welt Freund* zahlt. Das führt nicht zum Zerwürfnis, aber zu manch deutlich pikiertem Schriftstück. Becker beschwert sich bei Siegfried Unseld, statt 35 000 Mark rund ein Drittel weniger Vorschuss angeboten zu bekommen: »Du schreibst, die Situation des Verlages lasse eine solche Zahlung nicht zu. Was ich über diese Situation höre – auch von Dir –, klingt merkwürdig anders.« Hier endet Beckers Beschwerde, und es folgt ein unterkühlt-stichelndes »Erledigt. Schönste Grüße / Dein Jurek«. (Briefe, S. 129)

Wo es nicht nur um Geld, sondern um Ehre und Eitelkeit geht, hört für Becker jeglicher Spaß auf. Als er die Programmvorschau von Suhrkamp für den Herbst 1982 erhält, in dem sein vierter Roman *Aller Welt Freund* erscheint, mokiert sich Becker, dass er offenbar nicht zu den wichtigsten zwölf Suhrkamp-Autoren gehört, die mit einem Foto die Frontseite der Vorschau zieren. Becker ist gekränkt, spricht gar von einer »Demütigung« und fordert als Ausgleich von Unseld »außergewöhnliche Werbemaßnahmen für mein kommendes Buch«. Wie sensibel Becker auf Unselds scheinbare Missachtung reagiert, belegt das Ende des Briefes, in dem er zwischen den Zeilen einen Verlagswechsel andeutet und verschnupft schließt: »Ich will zuletzt nur noch anfügen, daß diese Prügel mich aus einer Richtung getroffen haben, aus der ich es niemals erwartet hätte.« (Briefe, S. 129 f.)

Fühlt sich Becker von seinem Verleger, mit dem er sonst gut

zurechtkommt, kurzzeitig missverstanden und unterbezahlt, so entschädigt ihn der Literaturbetrieb mit jeder Menge Ehre. Seinen Rang und seine Popularität würdigt ein Literaturpreis, der mit 24000 steuerfreien Mark zu den bestdotierten Deutschlands gehört. Als neunter Stadtschreiber von Bergen-Enkheim tritt Becker am 3. September 1982 die Nachfolge Peter Bichsels an und wird vom Schweizer Schriftsteller Adolf Muschg mit einer Laudatio feierlich in sein Amt eingeführt. Die Stadtschreiberei bringt Becker Geld und öffentliches Aufsehen; darüber hinaus darf er in dem Vorort von Frankfurt am Main ein Jahr lang über das Stadtschreiberhäuschen An der Oberpforte 5 verfügen, das Becker nur gelegentlich nutzt. Von den über 200 Einladungen für Veranstaltungen, die den Stadtschreiber erwarten, erfüllt er einen kleinen Teil. Eine davon führt ihn am 28. März 1983 zur Deutschen Buchhändlerschule in Seckbach, bei der die Literaturstudentin Christine Harsch-Niemeyer im Publikum sitzt. Sie wird der Grund, warum sich Becker von seiner Freundin Hannah trennt, die ihm zuliebe die USA verlassen hat. Im Herbst zieht Hannah aus, und Becker lebt fortan mit der gut 20 Jahre jüngeren Christine in seiner Kreuzberger Wohnung. Am 7. März 1986 heiraten sie auf dem Standesamt Kreuzberg.

Das neckische Verhältnis der Frischvermählten umreißt eine Postkarte aus Tunesien an Manfred Krugs Frau, die stets um originale Beiträge für ihre Postkartensammlung bittet. »Mei-

Margin note: Stadtschreiber

Caption (margin): »Um es kurz zu sagen: wir heiraten uns« – Entwürfe für den Text der Hochzeitskarte von Jurek und Christine Becker

ne liebe Ottilie, Du ahnst nicht, wie oft ich schon Deine ver-
dammte Postkartensammlung verflucht habe«, schreibt
Christine Becker, »denn sie kostet mich in jedem Urlaub die
Hälfte von Jureks Aufmerksamkeit.« Ihr Mann fügt hinzu:
»Aber es lohnt sich doch immer wieder«, und Christine dichtet abschließend: »Jurek hat 'nen Sonnenbrand / vom vielen
Stehn am Kartenstand.« (Neuigkeiten, S. 48) Christine klagt
zu Recht, denn Jureks Kartenschreibdichte ist hoch, wenn ein
rund vierwöchiger Urlaub nach Spanien und Portugal als
Maßstab gelten darf – 16 Postkarten für Ottilie, im Schnitt
jeden zweiten Tag eine.

Beckers zahlreiche Fahrten ins Ausland lassen die Karten-
sammlung von Ottilie Krug wachsen, die sich unter anderem
über Grüße aus San Francisco, St. Louis, Santa Barbara, Los
Angeles, Honolulu und China freuen darf. Gemeinsam mit   Unterwegs
Christine besucht Becker als Tourist Israel, hält Vorträge an
der Cornell University in Ithaca (New York) und bietet beispielsweise an der University of Texas (Austin) für fortge-
schrittene Studenten ein Seminar zum *Bild der Kriegszeit in
der neueren deutschen Literatur* an. Wie jeder ordentliche Lehrer lästert Becker gern über seine Schüler. So freut er sich die-
bisch, seine Studenten benoten zu dürfen: »Jetzt können diese
Wichser was erleben, und ich brauche nicht länger zu grü-
beln, wie ich ihnen den Stumpfsinn in ihren Augen und ihre
fürchterliche Aussprache heimzahle.« (zit. n. Neuigkeiten,
S. 87) Becker reist, nicht nur deswegen, immer wieder gern in
die USA. Er fühlt sich als Gastdozent nicht überfordert und
erlebt etwas für ihn vollkommen Neues: »Wenn ich faul bin,
dann bin ich FURCHTBAR faul. […] Natürlich habe ich
auch Verpflichtungen: die sind ungefähr so groß, wie ich mir
im Kommunismus die Arbeit vorstelle.« (Briefe, S. 204)

Ein weiterer Auslandsaufenthalt führt Becker dienstlich nach
Asien. Der *Spiegel* beauftragt ihn, im September 1988 zu den
Olympischen Spielen ins südkoreanische Seoul zu reisen. Ein   Olympische
Höhepunkt für Becker, der die Liebe zum Sport von seinem   Spiele in Seoul
Vater geerbt hat: »Kaum eine Sportart ist mir zu gering, um in
ihre, mitunter nur wenigen, Geheimnisse einzudringen. Oh-
ne Mühe könnte ich erklären, was etwa ein Dunking ist oder

ein Stockfehler oder ein Zweilinienabseits, ich sage das ohne die Spur von Stolz.« (Mein Vater, S. 126) Bei aller Euphorie, die sein Beitrag verströmt, erfährt Becker unerwartet, wie sich ein journalistischer Knockout anfühlt. Er ist empört, dass der *Spiegel* seinen Artikel über *Das olympische Elend* nicht bringen möchte, weil sich angeblich die sonstigen Berichte vor allem um den gedopten Weltklassesprinter Ben Johnson drehen. Becker fühlt sich in seiner Schreiberehre verletzt. Er hält das Verhalten der Redakteure – zumal er einen Reporterauftrag hatte – für »grob unhöflich« und »beleidigend« (Briefe, S. 226), zumal seine kritischen Bemerkungen zu Vaterlandsliebe und ihrem fahnenschwenkenden Überschwang gut ins Magazin gepasst hätten.

Im Rampenlicht – Isabel Allende, Siegfried Unseld und Jurek Becker auf der Frankfurter Buchmesse 1986

Solche Niederschläge sind locker zu verkraften, denn die Ehrfurcht vor Becker nimmt in dieser Zeit zu, und er darf sich mittlerweile Mitglied der Deutschen Akademie für Sprache und Dichtung nennen: Seit 1983 zählt er zu ihrem erlauchten Kreis von 100 Mitgliedern, die gemäß Paragraph 3 der Akademiesatzung »der deutschen Sprache und der deutschen Literatur durch ihr Werk gedient« haben. Damit gehört Becker zur Crème de la crème des westdeutschen Literaturbetriebs. Er bedankt sich für die Aufnahme in die Akademie in seiner typischen Manier und wundert sich vor dem Auditorium, dass ein Junge, der spät und mühevoll die deutsche Sprache lernt, ausgerechnet Schriftsteller werden muss. Schelmisch lässt er seine Qualitäten im Licht von Understatements erstrahlen. »Ich habe inzwischen einige Bücher geschrieben, die mich ziemlich enttäuschen«, sagt Becker in seiner Dankrede, »dennoch müssen die Bücher für Sie der Grund gewesen sein, mir diese Ehre anzutun. Das freut und beruhigt mich ein wenig, wenn ich auch einen Grund darin sehe, Ihrem Urteil gegenüber skeptisch zu sein.« (Mein Vater, S. 83) Auch wenn Becker einer Westakademie angehört, bleibt für ihn die Frage der literarischen Heimat unentscheidbar. Auf die Frage, ob er sich eher als westdeutscher oder als ostdeutscher Schriftsteller fühle, antwortet Becker 1987 einer amerikanischen Germanistin: »Wann hört das eine auf, wann fängt das andere an? Wenn ich mich richtig erinnere, fühle ich mich heute genauso wie vor 10 Jahren, nur etwas älter.« (Briefe, S. 194)

Hüben wie drüben ist Becker einer, der sich engagiert, falls ihm etwas über die Hutschnur geht. Dazu zählen sein Einsatz für die Friedensbewegung und seine polemische Meinungsfreude, besonders wenn es sich darum dreht, wie mit der deutschen Vergangenheit umzugehen sei. Ein Beispiel dafür ist Beckers Antwort auf Martin Walsers Vortrag *Über Deutschland reden*, der am 4. November 1988 in der *Zeit* steht. Walser sehnt ein vereintes Deutschland herbei und schlägt vor, deutsche Gegenwartsgeschichte nicht länger als eine zu verstehen, die noch immer die Schuld des Dritten Reiches ab-

Engagement

> »Tut mir leid, aber von meiner Familie sind an die 20 Personen vergast oder erschlagen worden oder verhungert, irgendwie spielt das für mich noch eine Rolle. Ich habe nicht so kuschelige Kindheitserinnerungen wie Walser, sollte das der Grund sein, warum Deutschland eher seinesgleichen gehört als meinesgleichen?« (Jurek Becker, Größenwahn, S. 82)

tragen müsse. Schließlich sei das nur *ein* Aspekt dieser Zeit gewesen, und Walser erinnere auch schöne Momente seiner frühen Jahre. Darüber muss sich Becker »ein wenig aufregen«, und zwar unter der bezeichnenden Überschrift *Gedächtnis verloren – Verstand verloren.* Walsers Wunsch, über 40 Jahre nach dem Kriegsende gedenktechnisch reinen Tisch machen zu dürfen, sieht Becker von einer »starken schönfärberischen Energie« durchdrungen, zumal er die Folgen dieser Zeit hautnah erlebt hat.

Reisen und Drehbücher fürs Fernsehen binden Beckers Energien, und so erscheinen in den achtziger Jahren lediglich zwei Romane: *Aller Welt Freund*, die tragikomische Geschichte eines Nachrichtenredakteurs und verhinderten Selbstmörders, den die negativen Weltnachrichten um Haaresbreite das Leben kosten, und der Schlussteil von Beckers Holocaust-Trilogie, *Bronsteins Kinder*, der das Thema in der unmittelbaren Gegenwart ankommen lässt. Was Becker an Zeit und Kraft in die Fernseharbeit investiert, lohnt sich jedoch in mehrfacher Hinsicht.

Nur wenige Autoren sogenannter ernster Literatur wagen, Fernsehunterhaltung zu schreiben. Becker tut es mit seiner *Liebling* Anwaltsserie *Liebling Kreuzberg* zwischen 1986 und 1997 für *Kreuzberg* ein breites Publikum, aber mit Niveau – und das dankt es ihm. Von einer besonders begeisterten Zuschauerin erhält er gar »ein Glas mit selbst eingemachter Wurst«. (Briefe, S. 218) *Liebling Kreuzberg* spült neben Lebensmitteln jede Menge Geld in die Kassen und erscheint Becker »als einzig mir gerechte Form des Bankraubs«. Das entspannt sein Verhältnis zu den übersichtlichen Honoraren, die ihm Siegfried Unseld zahlt: »Ich hatte eine große Genugtuung, als ich meinem Verleger eines Tages gesagt hab: ›Weißt du, seit ich dieses ›Liebling Kreuzberg‹ geschrieben habe, denk ich jedesmal, wenn ich von Suhrkamp die Jahresabrechnung kriege: Ach Gottchen!‹« (zit. n. Graf, S. 67) *Liebling Kreuzberg* ist für Becker mehr als eine Gelddruckmaschine, zumal dieser Fernsehserie das sonst gängige »Maß an Verlogenheit« (zit. n. Graf, S. 68) fehle. Denn er »wollte keine von diesen belemmerten Unterhaltungsserien schreiben, denen man ansieht, dass die Macher ihr Publikum für Idioten halten«. (*Die Weltwoche*, 14. 1. 1993) Fürs Fernsehen verkörpert *Liebling Kreuzberg*, wofür *Jakob der Lügner* in der Literatur steht – Popularität und Sympathie.

Home Stories feiern Becker mit großformatigen Fotos als Drehbuchautor. Durch die Arbeit als Serienschreiber erobert er neue Printwelten wie die *Brigitte* oder auch das *Stern TV Magazin* und heimst so manchen Fernsehpreis ein. Im Gegenzug wächst während dieser Zeit die Skepsis des Literaten Becker. Er habe »zunehmend Probleme mit dem Prosaschreiben«, und das nicht, weil er an seinem Handwerk zweifelt, sondern weil er fürchtet, »zu all dem Überflüssigen, das mich heute schon in jedem Buchladen umzingelt, womöglich selbst etwas beizutragen«. (*Frankfurter Allgemeine Zeitung*, 4. 4. 1987) *Liebling Kreuzberg* nährt Beckers Zweifel, was literarische Wirkung angeht. Man darf es nicht als kokette Autorenbescheidenheit abtun, wenn Becker Büchern keine Weltveränderungen zutraut und sie ganz pragmatisch anschaut. Sie »können für einige wenige Interessierte etwas deutlicher machen und einen Blick öffnen auf etwas, was vielleicht verstellt war«, sagt Becker, »aber Bücher können sich nicht gegen Tendenzen durchsetzen, die auf brachiale Weise in einer Gesellschaft wirken«. (*Allgemeine Jüdische Wochenzeitung*, 15. 9. 1989)

Zweifel des Serien- schreibers

Welche Tendenzen wirken Ende der achtziger Jahre in der DDR? Als der Generalsekretär der Kommunistischen Partei in der UdSSR, Michail Gorbatschow, mit »Glasnost« und »Perestroika« das Ende des Kalten Krieges anvisiert, bleibt das auf die DDR nicht ohne Einfluss, auch wenn Gorbatschows Pläne an Kurt Hager, dem ›Chefideologen‹ der SED, abzuperlen scheinen: »Würden Sie […], wenn Ihr Nachbar seine Wohnung tapeziert, sich verpflichtet fühlen, Ihre Wohnung ebenfalls zu tapezieren?« (zit. n. Gilman, S. 239) Trotz Hagers Häme ahnt Becker, dass sich politisch etwas bewegen kann, als ihn ein Journalist fragt, wie es nach Ablauf seines Zehnjahresvisums weitergehen könne: »Da hat wohl Herr Gorbatschow noch ein Wort mitzureden.« (*Frankfurter Allgemeine Zeitung*, 4. 4. 1987)

Glasnost und Perestroika

Im Mai 1989 jedenfalls wird Becker vom Präsidenten des P.E.N.-Clubs der DDR, Heinz Kamnitzer, erstmals nach mehr als zehn Jahren *offiziell* in die DDR eingeladen – und sofort scheint alles wie früher. Im Ostberliner »Club der Kulturschaffenden Johannes R. Becher« stellt Becker seinen verbotenen Roman *Schlaflose Tage* und im Entwurf seine Poetikvorlesungen vor, die er in den Wochen darauf an der Frankfurter Goethe-Universität unter dem Titel *Warnung vor dem Schriftsteller* hält. Becker sagt frank und frei, wo im Osten Deutschlands der Schuh drückt, und die Offiziellen bekommen kalte Füße.»Kamnitzer vermißte Mitgefühl und bat den Text für Frankfurt zu überdenken (Becker lehnte ab)«, heißt es in einem Bericht. (*Westfälische Rundschau*, 11.5.1989) Trotz dieser ernüchternden Erfahrung glaubt Becker in einem *taz*-Interview an Reformen in der DDR, aber nicht ansatzweise zeichnet sich ab, dass Becker an ein geeintes Deutschland denkt. Er ist wie die meisten Deutschen ahnungslos, obwohl für DDR-Bürger die Grenze zwischen Ungarn und Österreich **»Wir sind** seit September 1989 Schlupflöcher in den Westen bietet und **das Volk«** die Montagsdemonstrationen in Leipzig mit dem Ruf »Wir sind das Volk« immer unverhohlener politische Veränderungen fordern.

Kurz vor der Wende nennt Becker seinen Umzug in den Westen noch ein »Provisorium«, jedoch ein »Provisorium von verdächtiger Länge«. (zit. n. Heidelberger-Leonard, S. 92) Dieses »Provisorium« soll weiter bestehen, deshalb bittet Becker Klaus Höpcke am 2. Oktober 1989 seinen DDR-Pass »für eine ziemlich lange Zeit« zu verlängern und darüber hinaus um Ein- und Ausreisevergünstigungen für sich, seine Frau Christine und die beiden Söhne. Nur ungern möchte er – bei einem abschlägigen Bescheid – gezwungen sein, »ein normaler Westberliner oder Westdeutscher« (Briefe, S. 256 f.) zu werden. Zur Ironie der Geschichte gehört, dass Höpcke Beckers Visum in seiner undatierten Antwort für vier Jahre ab dem 1. Januar 1990 verlängert. Der Mauerfall erstaunt Becker, lässt ihn aber keineswegs überschwänglich werden. Seine maßvolle Freude übers einige Deutschland hört sich so an: »Jubilieren hätte ich nur können, wenn mir ein alter Wunsch nun endlich in Erfüllung gegangen wäre. Doch woher hätte ich diesen Wunsch haben sollen?« (zit. n. Heidelberger-Leonard, S. 122) Was den weiteren Prozess der deutschen Vereinigung angeht, gibt sich Becker keinerlei Illusionen hin – Sieger ist der Westen, und

Leben

Noch strecken-
weise undurch-
lässig – Mit
Johnny 1990
an der Berliner
Mauer

der real existierende Sozialismus geht unter, denn schließlich
kenne die Bevölkerung der DDR »keine größere Sehnsucht,
als die fundamentalen westlichen Grundsätze zu übernehmen: möglichst viele Waren in Müll zu verwandeln«. (*Die
Zeit*, 5.10.1990)
Neben den Haupt- und Staatsaktionen des Lebens beschäftigt
Becker auch ganz Alltägliches, wie ein Brief an den Polizeiprä-
sidenten in Berlin zeigt. Becker wird vorgeworfen, er habe
falsch, und zwar vor einer Einfahrt geparkt. Von einem Ge-
rechtigkeitssinn beseelt, für den seine Serie *Liebling Kreuzberg*
steht, nennt Becker zwei Entlastungszeugen, was die Polizei
jedoch wenig beeindruckt. Man könne Becker nicht entlasten, heißt es. »Das kann ich nur als Witz betrachten«, antwortet Becker, »was soll mich denn sonst entlasten? Hundert
Zeugen? Ich zahle Ihnen die 76 DM, weil es mir zu lästig ist,
mich vor Gericht wegen einer solchen Lappalie mit Ihnen zu
streiten. Für die Zukunft wünsche ich Ihnen glücklichere
Entscheidungen.« (Briefe, S. 240)

Ohne Mauer – letzte Jahre im vereinten Deutschland
(1990-1997)

1990 bekommt Becker den Hans-Fallada-Preis, der Schriftsteller auszeichnet, die sich in ihren Werken aktuellen gesellschaftlichen Fragen stellen. Solches Engagement kann die Jury Becker vorbehaltlos bescheinigen, gerade der öffentliche

Becker steht dafür. Weitere Ehren folgen: Von der Berliner
Ausgezeichnet Akademie der Künste wird Becker als Mitglied aufgenommen, beim Klagenfurter Bachmannpreis gehört er zur Jury und staatlicherseits dekoriert man ihn mit dem Verdienstorden der Bundesrepublik Deutschland. Aber auch die leichte Muse interessiert sich für Becker. So rät er in der populären ARD-Quizsendung *Dingsda* als prominenter Gast gemeinsam mit Iris Berben Begriffe, die den Erwachsenen in der Show vom 23. Januar 1990 erstmals von Kindern aus der DDR erklärt werden.

Parallel zu den öffentlichen Routen verläuft ein Weg ins Private, auf dem sich Becker zunehmend wohler fühlt, zumal sein Optimismus schrumpft, der Welt mit Literatur beizukommen. Der DDR-bewegte Becker hofft Ende der siebziger Jahre zumindest noch: »Wenn ich der festen Überzeugung wäre, daß ich mit einer bestimmten Art zu schreiben das tagespolitische Geschehen tatsächlich beeinflussen könnte, dann würde ich so schreiben.« (*Der Abend*, 13. 2. 1978). Zwei Jahrzehnte später klingt Becker hingegen abgeklärt und wirkt, als finde er sich mit bescheideneren Schreibansprüchen ab. Seine Mission weicht von der jener Autoren ab, die versuchen, mit ihren Büchern »den letzten, ungeheuerlichsten Geheimnissen des Lebens« nachzuspüren. Sie wollen »zu selten ein Buch schreiben und zu oft das Buch der Bücher. Es fehlt, so scheint mir, der Mut, alltäglicher zu sein«. (*Der Spiegel*, 12. 12. 1994)

Dieser Mut für Alltägliches durchzieht Beckers letzte Lebensjahre. Zur Wendung ins Private trägt am 23. Juni 1990 die Geburt von Jonathan bei, den seine Eltern immer nur Johnny nennen. Kurz nach seiner Geburt kaufen die Beckers – *Liebling Kreuzberg* sei Dank – ein Haus in Schleswig-Holstein, weil dem Paar das Vereinigungsberlin »zur Zeit gewaltig auf
Landsitz
in Sieseby die Nerven geht«. (Briefe, S. 269) Das Haus liegt in Sieseby, direkt an der Schlei, und dient als Arbeitswohnsitz auf dem Lande. Bei aller Schreibgeschäftigkeit Beckers bedeutet Sieseby Stille – es ist der Ort jenseits des literarischen Betriebs. Die Hälfte seiner dortigen Lebensqualität bestehe darin, sich die Post nicht nachschicken zu lassen, sagt Becker. Denn er bekommt ansonsten jede Menge Post von Veranstaltern und

mittlerweile auch von Magister- und Examenskandidaten, die über ihn arbeiten. Wenn es seine Termine erlauben, beantwortet er die Briefe – denn wem schmeichelte solches Interesse der forschenden Jugend nicht? Werden die Grenzen seiner Auskunftsfreudigkeit jedoch verletzt, fällt es Becker mitunter schwer, höflich zu bleiben. »Fragen Sie mich jetzt aber bitte nichts mehr«, schreibt er einem Studenten, »es stört doch ziemlich.« (Briefe, S. 276)

Sieseby schafft Frei- und Gegenräume für Becker, der ansonsten häufig durch Deutschland und die Welt tourt. Vom 5. März bis zum 15. Mai 1993 reist Becker beispielsweise auf Einladung von Paul Michael Lützeler erneut nach Amerika, und zwar nicht nur mit Christine und Johnny, sondern auch mit Ex-Frau Rieke und seinen beiden älteren Söhnen Nicki und Lonni. An der Washington University in St.

Jenseits der Metropole – Haus der Beckers in Sieseby

Louis bespricht er in Seminaren Romane, die sich laut Becker mit »dem Zusammenbruch des sog. sozialistischen Lagers« beschäftigen. (JBA, Nr. 216). Neben *Amanda herzlos* sieht das Programm F. C. Delius' *Die Birnen von Ribbeck*, Günter Grass' *Unkenrufe*, Monika Marons *Stille Zeile sechs* und Herta Müllers *Der Fuchs war damals schon der Jäger* vor.

Aus der großen Welt kehrt Becker immer wieder gern nach Sieseby zurück, das ihn zu manchem kalauernden Vers anregt. »Ihr Spitzenmenschen«, schreibt er den Krugs und dichtet: »Bei uns im Norden lob ich mir / die Luft, die Milch, das Brot, die Eier. / Doch andrerseits – es klingelt an der Tür, / und draußen steht Frank Beyer.« (zit. n. Neuigkeiten, S. 182 f.) Was treibt Beyer ins ferne Sieseby? Becker redet dort mit ihm über die Verfilmung seiner Erzählung *Die Mauer*, die der befreundete Regisseur unter dem Titel *Wenn alle Deutschen schlafen* fürs ZDF einrichtet. Die Mühe lohnt und die Verfilmung kommt gut an. Beckers sonstige Film- und Fernsehprojekte –

Lauter Filme

mit der großen Ausnahme *Liebling Kreuzberg* – glücken hingegen nur bedingt. In der neunteiligen Fernsehserie *Wir sind auch nur ein Volk* widmet sich Becker den Menschen in Ost und West nach der Wiedervereinigung. Seinen komischen Blick auf das vereinte Berlin lieben – trotz eines glanzvollen Manfred Krug – weder die Kritiker noch die Zuschauer. Das gleiche Schicksal ereilt *Bronsteins Kinder,* aus denen ein mäßig erfolgreicher Kinofilm mit Armin Mueller-Stahl in einer der Hauptrollen entsteht. Auch *Neuner,* eine tragikomische Ehegeschichte im wirtschaftsfiebernden Einigungstaumel, fällt beim Publikum durch, obwohl diese Produktion das Filmband in Gold des Bundesfilmpreises und den Bayerischen Fernsehpreis erhält.

Die filmische Arbeit bindet jede Menge von Beckers Kraft, so dass *Amanda herzlos* im letzten Lebensjahrzehnt sein einziger Roman bleibt. *Amanda herzlos* beschreibt eine Frau aus der Sicht ihrer drei Liebhaber und spielt in der DDR der achtziger Jahre, ohne sich ausdrücklich mit den gesamtdeutschen Wendezeitläuften zu beschäftigen. Der Roman beschert Becker einen großen Publikumserfolg, bringt ihm Einträge auf den einschlägigen Verkaufslisten und eine ausgedehnte Leodd seroise. Becker kokettiert mit seinem wachsenden Erfolg, als er für seine Frau den Melancholiker gibt, der sich über *Amandas* Abtritt von der Bestsellerliste empört. »Wie können Menschen anderen Menschen soetwas antun?«, schreibt er Christine, »gehört eine solche Sache nicht zu ai [amnesty international]?« (zit. n. Kiwus, S. 181) Mehr als ein Wermutstropfen im Pokal des Erfolgs bedeuten die reservierten Urteile im Feuilleton. Gehörig verletzt Becker Reich-Ranickis Verriss von *Amanda herzlos* im *Literarischen Quartett* vom 13. August 1992, dem ein weiterer in der *Frankfurter Allgemeinen Zeitung* folgt. Daraufhin bricht Becker sofort den Kontakt zu diesem Kritiker ab, mit dem er sich bis dahin gut versteht. Immerhin war er sogar einmal Gast in Reich-Ranickis *Literarischem Quartett.*

Ein Bestseller

»Alles in allem war es wie immer in solchen Fällen: Wenn ich ein Buch von ihm gelobt habe, hat er mich geschätzt und geliebt, wenn ich es aber nicht direkt gelobt habe, dann war er empört und hat sich über mich ziemlich übel geäußert.« (Marcel Reich-Ranicki in einem Brief an den Verfasser am 14. Juni 2007)

Leben

Mehr als das feuilletonistische Richterwesen beschäftigt Becker zu dieser Zeit die Möglichkeit, seine Stasi-Akten einzusehen – was würden sie ihm offenbaren? Becker zögert den Gang zur sogenannten Gauck-Behörde hinaus, kopiert aber letztlich die kompletten rund 2 000 Seiten seiner Akte. Ab Weihnachten 1992 vertieft er sich für mehrere Wochen in die Lektüre, die ihn nicht über die Maßen aufregt, zumal er ahnt, dass so mancher Inoffizielle Mitarbeiter (IM) aus seinem näheren Umfeld stammt. Nur Krug und Becker selbst vertrauen wechselseitig darauf, mit der Stasi nichts zu tun zu haben. Einzig der Frauenliebling Becker erhält bei der Lektüre einen sanften Dämpfer: »Ich hatte, wie ich leider erfahren mußte, Freundinnen, die nicht meinem Charme erlegen sind, wie ich Dummkopf gehofft hatte, sondern die mir auftragsgemäß erlagen.« (*Der Stern*, 15. 12. 1994)

Beckers letzte Lebensphase setzt mit einer großen Reise an. Die Goethe-Institute stehen bei Becker Schlange, so dass er die reizvollsten Ziele auswählen kann und vom 26. Oktober bis zum 19. November 1995 eine Lesereise durch Südamerika macht. Danach fühlt sich Becker unwohl, und es scheint mehr als ein Jetlag. Kurz vor dem Jahreswechsel lässt er sich untersuchen, sicherheitshalber. Die Diagnose: Darmkrebs in fortgeschrittenem Stadium. Becker kommt unters Messer und macht ab Februar eine Chemotherapie im Berliner Virchow-Klinikum, alle drei Wochen für je fünf Tage. Das schlaucht, aber Becker bleibt tapfer. Ab Oktober 1996 wird er erneut chemisch therapiert, jetzt einmal pro Woche. Neben Christine darf ihn lediglich sein Freund Helge Braune besuchen. Braune spielt mit ihm Backgammon und sieht den »Glücksmenschen« (zit. n. Obruśnik: *Jurek Becker*, S. 55) Becker, der niemals krank und schon gar nicht bei der Krebsvorsorge war, in einer ungewohnten Rolle. Trotz der schweren Krankheit blickt Becker nach vorn und rechnet wenn nicht mit einer Heilung so doch mit vielleicht fünf verbleibenden Jahren. Das beste Narkotikum scheint, einfach weiter zu machen, und deshalb stürzt er sich in die Arbeit für die restlichen Folgen von *Liebling Kreuzberg*, die mittlerweile im vereinten Berlin spielen. Letztlich bleiben alle medizinischen Mühen

Stasi-Akten einsehbar

Diagnose: Krebs

fruchtlos, so dass Beckers Arzt Ende Januar 1997 die Behandlung einstellt. Beckers Frau weiß von ihm bereits, wie wenig Zeit ihrem Mann noch bleibt. Im Februar hält Becker seine letzte Lesung dort, wo er Christine zum ersten Mal begegnet ist – an der Buchhändlerschule in Seckbach.

Beckers Leben ist plötzlich voller Fragezeichen. »Mit mir ist zur Zeit nicht viel los. Andauernd bin ich krank und verbringe einen lächerlichen Teil meiner Zeit mit Ärzten und Schwestern«, schreibt er dem Regisseur Hark Bohm, der ihn gern für ein Filmseminar an die Universität Hamburg eingeladen hätte. Eine verlässliche Absprache falle ihm schwer, sagt Becker,

»**Unkalkulierbar**« »ich bin sozusagen unkalkulierbar«. (Briefe, S. 333) Auch dem Suhrkamp-Lektor Rainer Weiss muss Becker einen Korb geben und einen Heine-Beitrag absagen: »Seitdem mich die Information ereilt hat, daß ich alles andere als unsterblich bin, habe ich mir einige Prioritäten gesetzt, von denen ich bei der erstbesten Anfechtung nicht gleich abrücken will.« (Briefe, S. 333) Vor diesem Hintergrund denkt Becker Ende Januar

Lauter Leerstellen –
Auf einer Karte an
Joachim Sartorius vom
23. November 1996
verdichtet Becker seine
lückenhafte Biographie
zur poetischen Miniatur

Leben

1997 über ein fast unlösbares Problem nach. Die Arbeit an *Liebling Kreuzberg* liegt hinter ihm, und nun möchte er eines von drei Romanvorhaben angehen: »Das erste würde mindestens drei Jahre (!) dauern, das zweite etwa zwei, und das dritte kaum mehr als ein halbes, es wäre eine längere Erzählung.« Abwägen muss der krebskranke Becker zwischen seiner vermutlichen Lebenserwartung und dem, was ihn literarisch begeistert: »Wenn ich der Statistik vertraue, sollte ich mich wohl für das dritte entscheiden. Aber wenn ich auf mein Herz höre (das ist natürlich Christine), fürs erste.« (zit. n. Kiwus, S. 228) Becker denkt über das größere Romanprojekt *Der Bücherdieb* nach, aber die Zeit reicht selbst für das kürzeste nicht mehr.

Trotz aller Todesnähe beseelt Beckers private Nachrichten ein tollkomischer Geist, der sich in einer Reihe literarischer Miniaturen niederschlägt. Von außen scheint es, als schließe sich ein Kreis, dessen ersten Bogenstrich *Jakob der Lügner* setzt: mit dem Kunstgriff, den Tod auf Humor zu betten. Becker schreibt für den Tag und zugleich für die Nachwelt. In diesem

Zurück
auf Anfang

»Aber wenn
ich auf mein
Herz höre (das
ist natürlich
Christine)« ...

Sinne seien laut Krug »die meisten Stücke aus den letzten zehn Jahren [...] nur scheinbar persönliche Postkarten. In Wahrheit sind es Kunstwerke«. (Neuigkeiten, S. 7) Ganz ähnlich sieht das Joachim Sartorius, der in seiner Grabrede in Sieseby am 21. März 1997 auf die Poetik der späten Miniaturen Beckers hinweist: »In diesen kleinen Karten, in der vorgegebenen komprimierten Form ist der ganze Jurek Becker da.« (zit. n. Kiwus, S. 232)

Wie sehen solche kunstfertigen Kurznachrichten aus? Als Becker beispielsweise im Krankenhaus das Essen M 3 auswählt und stattdessen M 2 bekommt, weist er eine Schwester darauf hin und wundert sich über das mangelnde Verständnis für seine Beschwerde: »Wenn der Unterschied zwischen Möhreneintopf und Putenschnitzel nicht mehr zählt, woran soll man sich denn da noch halten!« (zit. n. Kiwus, S. 223) Wesentlich leisere, geradezu tragikomische Töne schlägt Becker auf einer Postkarte an Christine an. Darauf hält er »die Geschichte unserer Beziehung« fest, die in ihren Leerstellen von Liebe und Tod erzählt und ein rührendes Vermächtnis für ein gutes Jahrzehnt gemeinsamen Lebens darstellt.

Schnitzel oder Möhreneintopf?

> »Wir lernten uns während, wodurch mein Leben einen neuen. Ich schlug Dir vor, und zu meinem Glück. Die erste Zeit war ein wenig, aber das änderte sich bald. Nach drei Jahren fragte ich Dich, und nach einigem Zögern. Und dann, endlich, bescherte uns das Schicksal. Seitdem leben wir alles in allem, und wenn nicht kürzlich diese dumme Sache.« (Jurek Becker; zit. n. Kiwus, S. 225)

Wenn »diese dumme Sache«, wenn dieser Krebs schon nicht zu heilen ist, lässt er sich dann wenigstens literarisch bannen? Mit einem Zauber aus frühen Jahren? Becker kehrt dafür zu einer literarischen Form zurück, mit der er als Kind seinen Vater beeindruckt hat: der Lyrik. Knapp drei Monate vor dem Tod schreibt Christine Beckers »Lieblingspatient J« Verse über die »kosmische Strahlung« und die Mühen der Ärzte, ihn zu heilen. Der Leser findet am Schluss von Beckers Leben in diesem Gelegenheitsgedicht noch einmal jenen ›Jakobton‹ der Frühzeit, der zwischen Lachen und Weinen changiert:

»Holaho und Holahi,
hoch die Chemotherapie!
Die macht Laune, die macht Spaß,
und sie bringt auch manchmal was.«

Das dreistrophige Gedicht endet mit den launig-fatalistischen Versen: »Mal hilft es und mal geht's daneben. / Na ja, so ist die Chemo eben.« (zit. n. Kiwus, S. 226)

Was ihn in dieser schweren Zeit sehr freut, ist die zweite Verfilmung von *Jakob der Lügner,* dem Roman, mit dem der
Schriftsteller Becker zur Welt kommt. Auf verschlungenen
Wegen erfährt der Hollywood-Schauspieler Robin Williams **Jakob Heym**
von *Jakob der Lügner* und möchte unbedingt die Hauptrolle **in Hollywood**
übernehmen. Es dauert eine Weile, bis aus dem Wunsch ein
Filmprojekt wird, aber dann bekommt Becker alle paar Wochen neue Drehbuchfassungen aus Hollywood. Er ist glück-
lich, es bis in jenes Land geschafft zu haben, das er von so
vielen Besuchen kennt, freut sich über den Erfolg und nebenbei über pauschale 50 000 Euro. Den Film hingegen wird er
nie sehen.

Becker stirbt am 14. März 1997 abseits der betriebsamen Metropole Berlin in Sieseby, wo auf dem evangelischen Friedhof **Tod in Sieseby**
ein schlichter Grabstein an ihn erinnert: Jurek Becker 1937-
1997. »Er wollte nicht in Berlin sterben und da auch nicht
begraben sein«, schreibt der Schriftsteller und Drehbuchautor
Klaus Poche, »die wahren Gründe hat er mir verschwiegen«.
(zit. n. Kiwus, S. 175) Sieseby verströmt für Becker eine Ruhe,
die er sich für ein Sterben jenseits der Öffentlichkeit wünscht.
In kleinstem Kreis verabschieden sich nur engste Angehörige,
Freunde und Nachbarn aus Sieseby von ihm, darunter seine
Witwe Christine, seine erste Frau Rieke, die drei Söhne, Manfred Krug, Siegfried Unseld und Ulla Berkéwicz sowie Joachim Sartorius und Karin Graf.

**Vorletzte Worte –
Becker an seinem
Schreibtisch in
Berlin, 1997**

Gegen seine Krankheit ist kein Kraut gewachsen, doch trotz der schweren ersten Jahre tritt er zufrieden ab. »Wer sagt, dass es besser ist, mit 70 zu sterben als mit 60?«, fragt er seine Frau Christine. »Ich habe alles erreicht, was ich wollte.« (*Jüdische Allgemeine*, 24.5.2007) Mit dieser Haltung zieht Becker in seinem letzten Interview eine Summe seines Lebens. Kein Leben dauert ewig, sagt er, das sei Natur. Aufs »Wozu leben?« hat Becker reichlich Antwort gegeben – mit seinen Werken und seinem öffentlichen Wirken. Bescheidenheit strahlt aus seinen letzten Worten und Größe:

> »Ich bin da, um ein bißchen Remmidemmi zu machen. Ich bin da, um für ein bißchen Stimmung zu sorgen. Ich bin da, um für ein bißchen Wachheit zu sorgen.« (Jurek Becker in seinem letzten Interview; *Der Spiegel* vom 24. März 1997)

Werk

Romancier und Drehbuchautor

Wer Becker sagt, sagt kurz danach oft *Jakob der Lügner*. Das Romandebüt, das seinem Autor 1969 die Türen zum literarischen Betrieb aufstößt, hält Becker selbst für alles andere als glänzend. Vielmehr sei es ein »Buch voll von Sprachschludereien«, da er hinter jedem Änderungswunsch seines DDR-Verlags eine politische Kritik witterte und deswegen auf seiner Fassung beharrte. Es sei laut Becker »ein im Grunde unlektoriertes Buch«. (Mein Vater, S. 303 f.) Beckers Selbstkritik schmälert keineswegs den Rang von *Jakob der Lügner*, weist aber darauf hin, dass es in seinem Gesamtwerk weit mehr zu entdecken gibt.

Beckers Debüt fällt nicht vom Himmel, sondern wurzelt in langjähriger Schreibpraxis. Die hat Becker in seinen frühen Jahren reichlich, zumal er seit 1960 als freier Schriftsteller arbeitet, eine einschlägige Ausbildung zum Szenaristen an der Filmhochschule Babelsberg absolviert und unter anderem satirische Texte fürs Kabarett sowie Drehbücher für Film und Fernsehen schreibt. Auf dieser Grundlage entwickelt sich Becker zu einem Prosaautor, dem man in jeder Zeile die Lust am Fabulieren und seinen feinen Humor anmerkt.

Ein Thema lässt Becker zwei Jahrzehnte lang nicht los: das der Judenverfolgung. Ihm widmet er seine Holocaust-Trilogie, die einen roten Faden der Vergangenheitsbewältigung durchs Werk legt. Zu ihr gehören neben *Jakob der Lügner* (1969) auch *Der Boxer* (1976) und *Bronsteins Kinder* (1986). Unabhängig vom jeweiligen Stoff gilt Beckers schriftstellerische Leidenschaft von *Jakob der Lügner* bis zu *Amanda herzlos* (1992) den Figuren in ihrer alltäglichen Welt. Das Politische entwickelt er wie bei *Irreführung der Behörden* (1973) aus dem Privaten heraus. Dabei greift Becker häufig auf seine Biographie zurück, vermeidet jedoch eine Nabelschau, indem er das selbst Erlebte in einer »erkalteten Herzensschrift« (Manfred Schneider) notiert.

Wer Beckers Werk literaturgeschichtlich ordnet, wird die – weitgehend noch unpublizierten – Frühwerke bis zu *Jakob der*

Holocaust-Trilogie

Privates als Politisches

Lügner abtrennen und eine weitere Zäsur nach *Schlaflose Tage* (1978) setzen. Bis zu diesem Roman treiben die Verhältnisse in der DDR Becker zu einem immer politischeren Schreiben. Das geht ihm gegen den Strich, zumal er kein Schriftsteller sein mag, der Flugblattliteratur veröffentlicht. Obwohl ihm genau das in *Schlaflose Tage* unterläuft. Wer beispielsweise wissen möchte, wie Zensur in der DDR funktioniert, was den Ost-West-Gegensatz und das Leben im anderen Deutschland Ende der siebziger Jahre ausmacht, der beschäftige sich mit diesem Roman.

Parallel dazu verläuft Beckers Weg von einem überzeugten zu einem enttäuschten Sozialisten, der sich mit einem Dauervisum seit Ende 1977 vor allem im Westen aufhält, wo seine Werke häufig zur selben Zeit wie die Veröffentlichungen im Osten erscheinen. *Aller Welt Freund* (1982) ist nach dieser Zäsur ein ebenso einschlägiges Buch, da Becker in diesem Roman die großen Weltgeschichten mit der Melancholie eines Nachrichtenredakteurs in der Midlife-Crisis versöhnt. Bei allem politischen Bewusstsein Beckers hält dieser Roman Abstand von einer Schreibphilosophie, die Literatur als künstlerisch überhöhten Widerstandskampf versteht. Becker sieht sich als couragierten Autor, der sein Engagement aber – Ausnahme *Schlaflose Tage* – nicht auf Spruchbändern ausrollt.

Obwohl die Literaturkritik weiterhin den widerständigen Becker fordert, lässt der Druck, diesem Wunsch zu entsprechen, bei Becker nach. Das nach der Übersiedlung in den Westen zunehmend stärkere Gefühl, mit Literatur nicht die Welt bewegen zu können, scheint Becker zu entlasten. Er wagt sich im letzten Lebensjahrzehnt sogar an populäre Fernsehformate wie die Anwaltsserie *Liebling Kreuzberg* (1986 / 98), mit der er auf hohem Niveau unterhält. Selbst bei den scheinbar leichthin fabulierten Drehbüchern bleibt Becker ein sorgfältig wägender, aber entschlussfreudiger Wortartist – denn schließlich sei das »Schreiben nichts anderes als eine endlose Reihe von Zweifeln, die zugunsten eines Satzes schließlich überwunden werden müssen«. (*Amanda herzlos*, S. 143)

Jakob der Lügner

Berlin, Weimar: Aufbau, 1969

Jurek Beckers schriftstellerisches Debüt ist zugleich sein erfolgreichstes Buch. Sein Roman *Jakob der Lügner* spielt gegen Ende des Zweiten Weltkriegs in einem polnischen Getto, dessen Bewohner auf Leben und Tod den Nazis ausgeliefert sind. In diesem Getto lebt Jakob Heym, der auf dem Revier der Deutschen zufällig Radio hört und Nachrichtenfetzen über den Vormarsch der Russen aufschnappt. Als er davon im Getto erzählt, steigt das Barometer der Hoffnung und die Getto-Bewohner verlangen weitere Lichtblicke. Jakobs Problem: Radios sind im Getto streng verboten, und er besitzt gar keins. Also *erfindet* er neue Nachrichten. Jakob flunkert aus Menschenliebe, er ist ein Schelm der Zuversicht. Wo sonst der Tod umgeht, wagt sich durch seine Radiolügen bescheidene Hoffnung hervor – keine Selbstmorde mehr, die Menschen schmieden Pläne, »ganz plötzlich ist morgen auch noch ein Tag«. (*Jakob der Lügner*, S. 32) Die Geschichte von Jakob endet dennoch traurig. Das verstimmt den Erzähler, und so ersinnt er noch ein ›gewünschtes‹ Happy End. Bei diesem glücklichen Finale zahlt der flüchtende Jakob als Märtyrer drauf. Er stirbt durch eine Maschinenpistole, während man zugleich die Geschütze der russischen Armee donnern hört. Das wirkliche Ende sieht schlichter aus: Es gibt keine russischen Befreier, und alle Juden rollen in Waggons dem Tod entgegen. Darunter Jakob und der Erzähler, die sich auf dieser Fahrt anfreunden.

Schelm der Zuversicht

Niemand wüsste von Jakob Heym, wenn nicht dieser Weggefährte aus dem Zug gut zwei Jahrzehnte später von ihm erzählt hätte. Der namenlose Ich-Erzähler, ein Trinker und begnadeter Fabulierer, lässt die Geschichte 1967 auf den Zuhörer los. Er bewältigt die Vergangenheit, indem er Jakobs Geschichte überliefert. Sein ironisches, lapidares Erinnern verknüpft das Heute mit dem Gestern und steht quer zu einem gesellschaftlichen Klima, das vom Holocaust, von Schuld und Schande im Krieg nichts wissen will.

Namenloser Ich-Erzähler

Der 1921 geborene Erzähler steigt nicht direkt mit Jakobs Geschichte ein, die von Terror und vielen Toten handelt. Er redet scheinbar um den heißen Brei herum und füllt fantasievoll die Lücken im Erzählwerk, das auf Jakob als Hauptquelle gründet. Angeregt von »ein paar Schnäpsen« (*Jakob der Lügner*, S. 9), überblickt er nur scheinbar alles und muss erfinden,

Wahre Lügen ja lügen. Die Wahrheit der Erinnerungen an Heym gründet für ihn nicht im letzten historischen Detail, sondern in der Wahrscheinlichkeit und Glaubwürdigkeit seiner Geschichte. Jakob erscheint dabei weder als Held noch als Verlierer, sondern als Durchschnittsmensch, der sich fürchtet wie alle anderen Getto-Bewohner.

Was Beckers Roman Ende der sechziger Jahre so unerhört neu macht, ist der ironisch-humorvolle Erzähler. Mit dieser Schlüsselfigur nimmt das abstrakte Thema Vergangenheitsbewältigung Fleisch und Blut an: Kein Täter schaut zurück oder bereut gar, sondern ein Opfer der Nazis hält die Erinnerung wach. Der Erzähler wirft all die Fragen auf, über die in der Verdrängungskultur nach 1945 niemand stolpern möchte und

Keine die mit der Vision einer ›Stunde Null‹ das Vergessen rechtfer-
›Stunde Null‹ tigt. Er fabuliert stellvertretend für alle, die ihr Gewissen noch plagt, obwohl im Nachkriegsdeutschland – dank urkundlich beglaubigter Entnazifizierung – lauter weiße Westen erstrahlen. Und all das gelingt dem unpathetischen Erzähler ohne moralische Schulmeistereien.

> »Unmittelbar nach dem Krieg wäre dem Betrachter eine solche Behandlung des Themas wie Blasphemie erschienen. [...] Mit so einer Geschichte kann ich mich nur an Leute wenden, die fünfundzwanzig oder dreißig Jahre lang geradezu bombardiert worden sind mit Informationen über diese Zeit.« (Jurek Becker am 20. April 1974 in der DDR-Wochenzeitung *Der Sonntag*; zit. n. Gilman, S. 128)

Jakob der Lügner verdankt sich Beckers Vater, der mit den frühen Drehbucharbeiten seines Sohnes unzufrieden ist. Deshalb möchte er Jurek den Stoff für eine tragfähige Geschichte zuspielen: »Es wird Zeit, daß du endlich etwas Ernstes und Wahrhaftiges schreibst, nicht immer nur deine leichtfertigen Geschichtchen ohne Gewicht, die schneller zum anderen Ohr raus sind als zum einen rein.« (zit. n. Kiwus, S. 81) So erzählt

Max Becker von einem Mann, der während des Krieges im Getto ein Radio versteckt hielt, Nachrichten verbreitete, bis er später von den Deutschen verhaftet und als abschreckendes Beispiel öffentlich hingerichtet wurde. Einige Jahre später macht Becker daraus *seine* Geschichte mit dem erfundenen Radio, die er zudem von allem Heldischen der väterlichen Fassung bereinigt. »Meinem Vater hat bis zuletzt seine Version besser gefallen«, schreibt Jurek Becker, »er hat gesagt: ›Daß du so wenig Vertrauen zu dem hast, was wirklich passiert …‹«. (zit. n. Kiwus, S. 82)

Ein positives Gutachten von Ursula Emmerich, seiner Lektorin beim Aufbau-Verlag, ebnet Becker noch vor Erscheinen des Romans den Weg in den Schriftstellerverband der DDR: »Manchen Leser mag es vielleicht sogar befremden, solch ein Geschehen nicht völlig ernst, sondern mit Humor, ja Ironie und kritischer Sicht eigener Schwächen gestaltet zu sehen«, schreibt Emmerich. »Aber gerade diese Art der Darstellung scheint uns, da der Autor stets den richtigen Ton trifft, dem stillen Heldentum und auch der Tragik einzelner Schicksale durchaus angemessen.« (zit. n. Kiwus, S. 74)

Im Westen wie im Osten Deutschlands ist Beckers Roman auf Anhieb erfolgreich, selbst wenn der erste Rezensent im *Neuen Deutschland* verhaltener lobt. Werner Neubert hebt im Zentralorgan der SED am 14. Mai 1969 die »erzählerische Dichte, klug-sichere Fabelführung, prägnant-schöne Sprache« und den »fesselnden Grundeinfall« hervor. Für ihn kommt allerdings der sozialistische Realismus zu kurz. Beckers Roman zeige nicht, »wie die klarsten Kräfte der Klasse den realen Kampf organisierten und führten«. Die Hoffnung, die Jakob Heym verbreitet, vertraue zudem nicht auf »Klassenposition und politisches Bewußtsein«. Trotz solcher Einwände würdigt Neubert einen insgesamt talentierten Autor; demnach könne sich *Jakob der Lügner* »mit den besten Werken unserer antifaschistischen Literatur über die faschistische Schreckenszeit von vor einem Vierteljahrhundert messen. Der Humanismus dieses Werkes muß jeden Leser tief ergreifen.«

1970 erscheint *Jakob der Lügner* im Westen als erster Band der »Sammlung Luchterhand«. Ein Jahr später erhält Becker für

Erste Rezension

seinen Roman den Schweizer Charles-Veillon-Preis und den Heinrich-Mann-Preis der Deutschen Akademie der Künste der DDR. Kritiker wie Rolf Michaelis und Marcel Reich-Ranicki feiern Beckers »anderen Hiob« und rechnen seinen Schöpfer zum »Geschlecht der traurigen Humoristen«. Im »sympathischen Flunkerer« Jakob sehen sie gleichsam eine »Symbolgestalt für alle Geschichten-Erzähler«. (*Allgemeine Jüdische Wochenzeitung*, 18.12.1970; *Frankfurter Allgemeine Zeitung*, 30.3.1971) Nur selten dagegen ist über den Roman zu lesen, dass er »spielerisch« mit einer Wirklichkeit umgehe, »die absolut nichts Spielerisches« habe. (KLG, S. 3).

Für den literarischen Wert und die Popularität des Romans sprechen die beiden Verfilmungen (DDR 1975/USA 1999), die vielen Übersetzungen, die zahlreichen Lehrmaterialien und literaturwissenschaftlichen Studien sowie die unterschiedlichen Ausgaben des Textes – das Taschenbuch von Suhrkamp erlebt zum Beispiel zwischen 1982 und 2008 bereits 31 Auflagen. Für junge Leser illustriert Lukas Ruegenberg 2002 eine Kurzfassung von Beckers Roman; der Erzähler spielt hier allerdings wie in den Verfilmungen keine Rolle.

31 Auflagen

Die erste Verfilmung führt Becker zum Ursprung seiner Jakob-Versuche zurück, zumal er 1963 ein erstes Exposé für einen Film *Jakob der Lügner* schreibt. (vgl. Kiwus, S. 47-71) Daraus entsteht ein Drehbuch, das Becker gemeinsam mit dem Regisseur Frank Beyer erarbeitet. Anfang 1966 genehmigt die DEFA die Produktion, das Projekt scheitert jedoch an Problemen mit der DEFA-Direktion und Drehgenehmigungen in Polen. Erst als der Roman zum Erfolg wird, stehen die Zeichen anders und Beyer verfilmt acht Jahre nach dem ersten Anlauf Beckers Roman.

Mit Vlastimil Brodský als Jakob feiert die Verfilmung im DDR-Fernsehen am 23. Dezember 1974 als Teil einer Reihe zum ›antiimperialistischen Film‹ Premiere. Ins Kino kommt *Jakob der Lügner* am 17. April 1975. Dafür bekommen Becker, Regisseur Frank Beyer, die Schauspieler Vlastimil Brodský und Erwin Geschonneck, Produktionsleiter Gerd Gericke und Kameramann Günter Marczinkowsky am 7. Oktober 1975 den Nationalpreis II. Klasse – ein Triumph nach den rund

Filmpremiere 1974

Verfilmung nach langen Geburts-wehen – Jurek Becker (l.) und Regisseur Frank Beyer (r.) bei den Dreharbeiten zu *Jakob der Lügner*, 1974

zehnjährigen Geburtswehen des Projekts. Schöner Nebenef-fekt: Von den insgesamt 80 000 Mark Preisgeld bekommt Be-cker 20 000 Mark. Bei den 25. Berliner Filmfestspielen erhält der Film den Silbernen Bären und in den USA eine Oscar-Nominierung als »bester ausländischer Film«. Die zweite Ver-filmung kommt 1999 in die Kinos, die Hauptrolle spielt der Hollywood-Star Robin Williams.

Beide Filme lesen den Roman unterschiedlich, was beispiel-haft die Schlüsse belegen. Vermischt die Hollywood-Pro-duktion aus Sicht der achtjährigen Lina Traum und Wirklich-

keit, indem die Russen den Zug ins Vernichtungslager stoppen und eine amerikanische Band auf einem Panzer zum Tanz aufspielt, so schließt die DEFA-Version weniger heiter mit den deportierten Juden im Zug.

Die Verfilmungen stehen in ei-ner Tradition von Werken, die dem Grauen des Dritten Reichs mit tragikomischen Verfahren beizukommen versuchen. Ge-nannt seien nur Charlie Chap-

Aus *Jakob der Lügner* wird *Jakob the Liar* – Robin Williams in der Hollywood-Verfilmung von 1999

lins Glanzrolle in *Der große Diktator* (1940), Walt Disneys Zeichentrickfilm *Der Fuehrer's Face* (1942), Ernst Lubitschs *Sein oder Nichtsein* (1942), Roberto Benignis *Das Leben ist schön* (1997) und *Mein Führer* (2007) mit Helge Schneider in der Titelrolle.

Das Thema Vergangenheitsbewältigung verfolgt Becker später in den weiteren Romanen seiner Holocaust-Trilogie *Der Boxer* und *Bronsteins Kinder*. Becker selbst mag das Wort »Vergangenheitsbewältigung« nicht. Er sieht sich bei der schriftstellerischen Arbeit vielmehr angetrieben von »gegenwärtigen Motiven; denn wenn die nicht vorhanden wären, wüßte ich nicht, wozu man einen Roman schreiben sollte«. (Briefe, S. 158)

Irreführung der Behörden
Rostock: Hinstorff, 1973

Gregor Bienek macht Geschichten. Ansonsten studiert er Jura, bis er endgültig sagt: Ich bin Schriftsteller. Die Geschichte Bieneks erzählt also zunächst von künstlerischer Leidenschaft. Im Laufe des Romans entfernt sich dieser Mensch voller Fantasie jedoch immer weiter von jenen Luftschlössern, die sein Leben unverwechselbar machen. Er passt sich allmählich an das an, was Staat und Publikum zu wünschen scheinen. Davon handelt beispielhaft »Maskenball«, eine der Erzählungen Bieneks. Bienek gleicht seiner Hauptfigur, einem Mann, der »sein gutes, ehrliches Gesicht« verbirgt: »Seine Tarnung besteht aus ständiger Zustimmung und einem Parteiabzeichen, auf diese Weise hofft er, in den Besitz eines bescheidenen Glücks zu gelangen«. (Irreführung, S. 164) Nach solchem Glück sucht auch Bienek – aber was tut er dafür? Er setzt auf Unterhaltung, weicht als Autor zum Beispiel ins komische Fach aus oder debütiert als Romancier mit der staatskonformen Feierschrift »Die Wendung«, in der ein Bauer aus dem Westen sein Glück in der DDR findet. Beruflich hat Bienek mit diesem kulturellen Mainstream Erfolg, aber er leidet daran, ständig unter seinem Niveau zu arbeiten.

Bieneks Ehefrau Lola meint, er tue das ohne Not, und dafür liest sie ihm am Schluss die Leviten: »Schreibst du Überzeugungen auf, und zwar deine eigenen, oder richtest du dich nur nach Marktaussichten?« (Irreführung, S. 245) Lola deckt Bieneks Selbstbetrug auf und zündet damit einen Sprengsatz, der den Text von Beginn an unterminiert. Seine guten Anlagen setze Bienek beim Publikum für die falschen Zwecke ein: »Du führst sie in die Irre und lieferst alte Hüte ab, die du in deiner Werkstatt mit ein bißchen Talent aufpolierst. Hältst dich gar noch für nützlich dabei, aber du bist es nicht, weil die Sorgen dieser Gesellschaft nicht deine eigenen sind, du hast nur irgendwann beschlossen, so zu tun.« (Irreführung, S. 248)

Bieneks Selbstbetrug

Irreführung der Behörden, das im Arbeitstitel *Gregor und ich* heißt, zerfällt in drei Teile. 16 Kapitel machen die *Erste Geschichte* aus, die zwischen 1959/60 und wie die folgenden Teile in Ostberlin spielt. Hier lernt der Leser Bieneks widerständige Fantasie kennen. Der Mittelteil heißt *Roman*. Er rafft auf acht Seiten die Jahre 1960 bis 1966 und erzählt von der Ehe mit Lola Ramsdorf, von Elternglück, dem wachsenden Erfolg (und der wachsenden Anpassung) Bieneks als Fernseh- und Filmautor und ganz nebenbei vom Mauerbau. Der Schlussteil, die *Zweite Geschichte*, spielt 1967 und breitet in sieben Kapiteln die Krise der Ehe aus und wie sich Lola und Gregor im Alltag gerade noch finden – der »Hans im Glück« (Irreführung, S. 166) zahlt reichlich für seinen Erfolg.

Der Roman dient nicht dazu, einen staatlichen Kulturbetrieb anzuprangern, der den Einzelnen drangsaliert. Was Becker vielmehr vorführt, sind Folgen eines Verhaltens, das sich in den offiziellen Rahmen fügt, sei es durch sanften Zwang oder aus Eigennutz. ›Der Staat‹ verkörpert so wenig das Schreckbild wie der Staatsbürger das Ideal. Bei allem ist Bienek folglich kein böser Bube, sondern einer, mit dem der Leser mitleidet.

Thema Anpassung

Beckers zweiter Roman kommt bei der Kritik wesentlich schlechter an als sein Erstling. Wer die schiere Handlung wertet, liest eine »banal geratene Story« (*General-Anzeiger*, 25. 5. 1973), die zudem »erstaunlich privat für ein Produkt des Arbeiter- und Bauernstaats« (*National-Zeitung*, 11. 5. 1974) ausgefallen sei. Darüber hinaus findet es ein Rezensent bestürzend, dass sich Becker von der kleinbürgerlichen Welt im Roman »nicht kritisch distanziert«. (*Rheinische Post*, 2.6.1973) Und schlicht geschmacklos wirkt der Vergleich von *Irreführung der Behörden* mit »Unterhaltungsromänchen aus dem Tausendjährigen Reich«. (*Mannheimer Morgen*, 5.6.1973) Wo also verbirgt der Roman bei derart vernichtenden Lesarten die »akuten politischen Fragen«, von denen Becker redet? (Lübbe, S. 521) Warum glaubt der Autor, solch eine Geschichte werde »unsere Leute etwas aufregen«? (Briefe, S. 19) Und warum wünscht ein namhafter Kritiker dem »höchst poetischen Buch« (*Die Zeit*, 25.5.1973), ein Bestseller zu werden? Was also ruft hinter der Fassade des Studenten-, Liebes-, Ehe- und Künstlerromans derart heftige Reaktionen hervor?

Als Becker 1970 die Arbeit an *Irreführung der Behörden* beginnt, greift er wie bei *Jakob der Lügner* auf autobiographisches Material zurück und siedelt seinen Roman in einem Milieu an, in dem er sich bestens auskennt. Er denkt bei seiner Arbeit an alles andere als an ein Flugblatt, das politische Stromlinienform geißeln möchte. Beckers Roman führt den Leser insofern auf Abwege, als er vorgeblich private Geschichten ausbreitet, aber gerade dadurch offenbart, was Kulturbetrieb und Politik aus einem ehrgeizigen Künstler machen können. Becker beschreibt scheiternde Lebenspläne und überlässt es dem Leser, Schlüsse zu ziehen und ›Schuld‹ zu verteilen. Welche Rolle dabei staatlicher Druck, vorauseilender Gehorsam und Karrierewillen spielen, erkundet der Leser auf unsicherem Romanterrain. Rolf Michaelis würdigt deshalb das Doppelbödige als besondere Qualität des Romans, spricht gar von einem »Erzähl-Irrgarten«. Becker bleibe seinem »Flunkerthema« aus dem ersten Werk treu und erzähle einen »Roman zwischen den Zeilen« (*Frankfurter Allgemeine Zeitung*, 12.5.1973), der sich unpathetisch wie kritisch nicht nur mit dem Leben in der DDR beschäftige. »Wenige Vokabeln ausgewechselt«, schreibt Heinrich Goertz (*Hannoversche Allgemeine Zeitung*, 23.6.1973), »und das Ganze könnte auch in der Bundesrepublik stattfinden«.

Nach seinem Debüt mit *Jakob der Lügner* wechselt Becker in der BRD von Luchterhand zu Suhrkamp, in der DDR von

Aufbau zum experimentierfreudigeren Hinstorff Verlag, wo der Roman 1973 kurz vor der bundesdeutschen Lizenzausgabe erscheint. Für *Irreführung der Behörden* erhält Becker den Bremer Literaturpreis: Trotz Problemen mit Parteifunktionären und Kollegen aus dem Schriftstellerverband der DDR darf er den Westpreis am 26. Januar 1974 in Bremen entgegennehmen. Verlagswechsel

Der Boxer

Rostock: Hinstorff, 1976

Beckers Roman *Der Boxer* setzt ein, wo *Jakob der Lügner* aufgehört hat, und fragt: Wie sieht das Leben eines Menschen aus, der zwar den Nazis entkommen ist, aber sonst alles verloren hat? Der Roman zieht das nüchtern-verzweifelte Fazit eines Mannes, den die Tiefschläge des Lebens ausgeknockt haben. Fast zwei Jahre erkundet der Erzähler durch ausführliche Gespräche die Vergangenheit Aron Blanks, und er fügt Anfang der siebziger Jahre seine biographischen Mosaiksteine in fünf grünen Heften zu einem fragmentarischen Lebensbild zusammen, das Blank letztendlich nicht interessiert. Denn Blank zweifelt daran, dass der Erzähler sein Leben angemessen festhalten kann. »Du behauptest, du hast meine Geschichte aufgeschrieben«, sagt Blank, »und ich behaupte, daß du dich irrst, es ist nicht meine Geschichte. Im günstigsten Fall ist es etwas, was du für meine Geschichte hältst.« (*Der Boxer*, S. 10)

Zum Vorschein kommt in den Heften eine jüdische Biographie, deren Grauen über die Befreiung aus dem KZ noch hinausreicht. Bis zum Einmarsch der Deutschen verläuft das Leben Blanks in geordneten Bahnen. Als Jude 1900 in Riga geboren, arbeitet er als Prokurist in einer Textilfabrik, hat eine nicht-jüdische Frau und drei Kinder. Zwei von ihnen und seine Frau überleben das Getto nicht, in das die Familie übersiedeln muss. Blank kommt in ein Lager, sein letzter Sohn Mark bleibt bei einer Nachbarin. Nach dem Krieg schafft sich Blank eine neue Identität. Fortan heißt er *Arno* Blank und ist erst 1906 in Leipzig geboren, so als ob er gleichsam die sechs verlorenen Weltkriegsjahre aus seiner Biographie tilgen und einen Neuanfang versuchen möchte. In einer Welt, die den Krieg nicht mehr auf der Tagesordnung haben will, fälscht das Opfer seine Identität, um sich unauffälliger in dieses Nachkriegsleben fügen zu können. Schließlich zeugt allein seine Existenz als überlebender Jude von der deutschen Schuld. In Mark Berger scheint Blank seinen verlorenen, durch den Krieg lebensbedrohlich geschwächten Sohn wiederzufinden, um dessen Genesung er sich vorrangig kümmert. Ob Mark tatsächlich sein leiblicher Sohn ist, bleibt bis zum Schluss offen. Trotz eines zwar illegalen, aber einträglichen Buchhalter-Jobs und einer sorgenden Frau verfällt Aron dem Alkohol: Die Schrecken des Lagers verzehren ihn. Auf Dauer leidet Arons Gesundheit, und jegliche Beziehungen zu Frauen zerbrechen. Als sein vorgeblicher Sohn Mark mit 20 Jahren aus Ostberlin in den Westen flüchtet und 1967 vermutlich im Krieg in Israel stirbt, bleibt Blank nur noch ein Halt: die Gegenwart seines zuhörenden Gegenübers, das er durch immer weitschweifigeres Erzählen an sich zu binden sucht.

Ähnlich wie in *Jakob der Lügner* und *Bronsteins Kinder*, den anderen Teilen seiner Holocaust-Trilogie, untersucht Becker in *Der Boxer* Spuren, die die Judenvernichtung nach dem Krieg bei den Überlebenden und ihrem Umfeld hinterlassen hat. Blanks Skepsis gegenüber den Aufzeichnungen des Erzählers betont ihre Fiktionalität und die Schwierigkeit, für Blanks Erfahrungen eine Sprache zu finden. Zugleich zweifelt der Roman an der Gewissheit, erzählen zu können, wie es wirklich gewesen ist. Die durch die Interview-Situation, das verwobene autobiographische Material und die skeptische Hauptfigur eingearbeiteten Brechungen überlassen es dem Leser, die Geschichte der Hauptfigur zu ergänzen, ja zu erfin-

Spuren des Holocaust

»Ich sage: ›Du hast einen Ausweis, in dem wird dir bescheinigt, daß du Opfer des Faschismus bist und Anspruch auf eine Reihe von Vergünstigungen hast. Dagegen ist nichts einzuwenden, aber genügt dir das? Versteh mich bitte nicht falsch: Ist es auf die Dauer ein erträglicher Zustand, Opfer des Faschismus und nichts anderes zu sein?‹« (Jurek Becker, *Der Boxer*, S. 249)

den – mit all ihren Widersprüchen und all ihrer Vorläufigkeit. Gerade durch die Nahaufnahme von Blank und die Art der literarischen Komposition gelingt es Becker, den Leser für das Fragwürdige der deutschen Nachkriegsgeschichte zu begeistern.

Wie schon sein zweiter Roman erscheint *Der Boxer* nicht mehr beim repräsentativen Aufbau-Verlag, sondern bei Hinstorff. Dieser Wechsel erfolgt laut Becker nicht aus kulturpolitischen Gründen, sondern schlichtweg um »einen konkreten Lektor näher kennenzulernen, mit dem man gut kann«. (Lübbe, S. 526) Sein Manuskript legt Becker Mitte 1974 vor, aber der Autor hat Schwierigkeiten, sich mit dem neuen Verlag über Änderungswünsche zu einigen. Deshalb holt er den Rat seiner Lektorin Elisabeth Borchers ein, seiner Ansprechpartnerin für die Lizenzausgabe bei Suhrkamp. Er fordert ihren kritischen Blick auf sein Manuskript ein, »weil ich es bis heute nicht für ausgeschlossen halte, daß es so etwas Ähnliches wie DDR-Augen gibt, die Du gewiß nicht hast«. (Briefe, S. 39) Diese Probleme mit Hinstorff verzögern das Buchprojekt, so dass der Roman erst 1976 erscheint.

Probleme mit Hinstorff

Die autobiographische Dimension von Beckers drittem Roman ist unübersehbar. Zahlreiche Analogien wie Arons Korrektur seiner Biographie oder die Geschichte vom verlorenen Sohn weisen auf das Leben Beckers und seines Vaters Max hin, der am 30. März 1972 verstorben war. Seitdem beschäftigten den Autor zunehmend jene Fragen, die er seinem Vater vor allem über seine frühen Jahre und das Leben im Getto nicht mehr stellen kann. Mit *Der Boxer* versucht Becker, diese Zeit literarisch aufzuarbeiten und biographische Leerstellen zu füllen.

Die Art und Weise, wie die Literaturkritik Beckers Roman liest, ist alles andere als zimperlich und belegt mit ihrem scharfen Ton, dass Becker seit *Jakob der Lügner* zur Bundesliga der Belletristik gehört. Karl Corino beispielsweise warnt polemisch »alle Box-Fans und Liebhaber guter Literatur« vor Beckers »Plätscherprosa« (*Stuttgarter Zeitung*, 11. 9. 1976), und Fritz J. Raddatz führt in der *Zeit* vom 17. September 1976 geradezu exegetisch vor, wo aus seiner Sicht die Schwachstellen

»Plätscher-prosa«?

eines Romans liegen, der eher wie ein Protokoll wirke. Raddatz kreidet Becker nicht nur eine »gelegentliche Sprachun-
sicherheit« an, »die sich in all seinen Texten findet«, sondern
er rügt vor allem seinen Hang zum Fabulieren und Kommentieren, der den Text unnötig aufschwemme: »Beckers Beleh-
rungen töten Phantasie, statt sie zu wecken; er läßt keinen
Raum, in dem eigene Gedanken nisten können.« Ein weiterer
Rezensent bemängelt, dass Becker bei *Der Boxer* nicht über
einen Thesenroman hinauskomme. Das »urwüchsige Erzäh-
lertemperament« Beckers und der »pädagogische Drang«
(*Neue Zürcher Zeitung*, 23.10.1976) des Autors würden sich
behindern. Und in der *Welt* bucht Hans-Peter Klausenitzer
den Roman pauschal zu den »Niederlagen der Literatur«
(16.9.1976). Dieser Tenor der Kritik in einigen größeren Zeitungen veranlasst Marcel Reich-Ranicki einige Zeit später zu
einem »Plädoyer für Jurek Becker«. (*Frankfurter Allgemeine
Zeitung*, 19.2.1977) Aber selbst Reich-Ranicki schreibt, dass
Beckers Roman »schwach«, gar »mißraten« sei. Sinn und
Zweck seiner Verteidigung ist lediglich, Becker vom Vorwurf
eines angepassten DDR-Schriftstellers freizusprechen. Dieser
Vorwurf gründet vor allem darin, dass Becker – gegenläufig
zum Gros der DDR-Literatur – einen unpolitischen Helden
zur Hauptfigur macht. In seinem Roman tritt kein Opfer
des Faschismus leuchtend aus dem Dunkel der Geschichte
hervor, um sich mit Rat und Tat für den neuen Staat einzusetzen. Becker stellt vielmehr ein »unerhebliches Dasein« auf
den Sockel und erzählt von einem Mann, der in seiner neuen
Heimat fremd bleibt. Er zeigt dem Leser an einem Vereinsa-
menden, Resignierenden, »daß auch Schicksale beachtenswert
und literaturwürdig sind, an denen sich niemand ein Beispiel
nehmen kann«. (*Der Tagesspiegel*, 9.1.1977) 1980 verfilmt Karl
Fruchtmann Beckers Roman für das ZDF, jedoch erntet sein
Fernsehspiel nicht ansatzweise das Lob und die Aufmerksamkeit der beiden *Jakob*-Filme.

Schlaflose Tage

Frankfurt/M.: Suhrkamp, 1978

Erzählt *Irreführung der Behörden* von einem erfolgreichen Anpasser, so lotet *Schlaflose Tage* die Spielräume für zivilen Widerstand aus, und zwar am Beispiel eines Lehrers. Mit 36 spürt Karl Simrock in der Schule erstmals sein Herz und macht sich Sorgen. Was seiner Frau Ruth wie männliches Wehleiden aussieht, entpuppt sich als lang verborgenes Unbehagen an der Welt. Simrock versteht diesen Allerweltsschmerz als Zeichen, um sein Leben zu ändern. Er trennt sich von seiner Frau und Tochter Leonie und unterrichtet letztlich nicht mehr Deutsch und Geschichte, sondern arbeitet in der Industrie.

Simrock befragt vieles, was er bislang für selbstverständlich hielt. Er möchte jemand sein, »der an den wenigen wichtigen Angelegenheiten, die es gab, identisch mit sich selbst teilnahm und nicht als einer, dessen Meinung bis in alle Zukunft vorhersehbar und damit unwichtig war. Er wünschte zum Kommunismus eine innigere Beziehung, als sich immer nur akkurat an landesübliche Regeln zu halten, die, wie er in diesem Augenblick zu verstehen glaubte, verbesserungswürdig waren«. (*Schlaflose Tage*, S. 66) Mut beweist Simrock erstmals, als er eulenspiegelnd seine Schüler entscheiden lässt, ob sie zur Maidemonstration gehen möchten. Das bringt ihm einen Rüffel von der Schulleitung ein, denn was in der DDR offiziell dem freien Willen überlassen scheint, ist unausgesprochen nichts anderes als höchste Bürgerpflicht.

Nach der Trennung von seiner Familie findet Simrock eine neue Partnerin in der einige Jahre jüngeren Antonia Kramm, die freiberuflich von Schreibarbeiten lebt und ebenso über die politischen Verhältnisse klagt wie er. Als Simrock mit ihr in den Ferien nach Ungarn reist, gibt es Ärger, als sich Antonia nach Österreich absetzen will. Sie wird aufgegriffen und wegen versuchter Republikflucht zu 19 Monaten Freiheitsentzug verurteilt. Antonias Haft lässt Simrock umso schmerzhafter die Fesseln spüren, an denen er zerrt. Als er nach dem Urlaub wieder in der Schule unterrichtet, testet er, wie weit er als Lehrer gehen kann. Unter anderem lässt Simrock jenseits des

Weltschmerz eines Lehrers

Lehrplans Brechts *Lob des Zweifels* lesen und stellt durch harmlose Fragen einen Oberleutnant bloß, der im Unterricht für die Nationale Volksarmee wirbt. Simrock gilt rasch als aufmüpfiger Pädagoge, wird entlassen und arbeitet danach in einem volkseigenen Betrieb, einer Brotfabrik, die er seit einem Ferienjob kennt. Überraschend räumt ihm der Staat eine zweite Chance als Lehrer ein, falls er fortan nach den offiziellen Spielregeln unterrichtet. Simrock lehnt solche Bewährung ab und ist froh über seine Wandlung. »Den größten Ekel hat mir wahrscheinlich gemacht, daß ich mich nie gewehrt habe« (*Schlaflose Tage*, S. 157), denkt Simrock rückblickend. Letztlich ist er dankbar für den kleinen Herzschmerz, der ihm ein neues Denken und ein neues Leben beschert hat.

Simrock ist kein gelernter Held, sondern ein Zweifler, der seine Lebensverhältnisse und mit ihnen das System verbessern möchte. Aber was ändert dieser Weltverbesserer? Zumindest sich selbst, und das ist ein Anfang. So lässt sich Beckers Roman als »Fibel des positiven Widerstandes« lesen, der »keine herkulischen Kräfte verlangt, sondern nur Zivilcourage«. (*Deutschlandfunk*, 26. 3. 1978) Und für Wolf Biermann hat *Schlaflose Tage* »Qualitäten eines praktischen Ratgeberhandbuchs für Selbstveränderer«. (zit. n. Kiwus, S. 129)

Schlaflose Tage erscheint als erstes Werk Beckers nicht in der DDR. Das liegt zum einen daran, dass in Beckers viertem Roman die Kritik am real existierenden Sozialismus deutlicher ausfällt als noch in *Irreführung der Behörden*. Das Hin und Her um eine Veröffentlichung in der DDR hat zum anderen ein kulturpolitisches Vorspiel. Becker fällt der Partei bereits unangenehm auf, als er gegen Wolf Biermanns Ausbürgerung und als einziger DDR-Autor gegen den Ausschluss Reiner Kunzes aus dem Schriftstellerverband der DDR protestiert. In diesem Zuge wird Becker 1976 aus der SED ausgeschlossen, der er fast 20 Jahre angehört hat. Becker selbst kehrt dem Schriftstellerverband am 4. April 1977 den Rücken, mit dessen Mitgliedern ihn nichts mehr verbindet. Dennoch möchte Becker in der DDR verlegt werden und bietet sein Manuskript am 13. Juni 1977 dem Hinstorff Verlag an. Ihm schweben eine Auflage von rund 50 000 Büchern und ein Erscheinen im zweiten Quartal 1978 vor, ansonsten werde Suhrkamp das Buch veröffentlichen. Beckers Forderungen sind alles andere als unbescheiden, und darüber hinaus müsste er sein Manuskript gründlich korrigieren, um den Zensor passieren zu können. Dazu ist der Autor nur bedingt bereit.

In diese Zeit fallen Beckers Interviews mit dem *Spiegel* und der *Frankfurter Rundschau,* die den Autor vollends zur ›Unperson‹ machen. Besonders schmerzt die Partei sein Befund, die DDR werde nach überholten Prinzipien des »Kriegskommunismus« geführt und komme ihm »wie die Skizze für einen sozialistischen Staat vor, nach der das richtige Bild erst gemalt werden muß«. (Mein Vater, S. 39, 41) Der stellvertretende Kulturminister der DDR, Klaus Höpcke, fordert Becker deswegen ultimativ auf, »das verleumderische Treiben gegen unsere Gesellschaftsordnung und ihre Organe einzustellen«. (zit. n. Kiwus, S. 112) Was Becker dazu meint, hat er bereits am 7. Dezember 1976 vor dem Schriftstellerverband der DDR erläutert.

»Unperson«

> »Der unbedingte Wunsch, Meinungen und Überzeugungen an die Öffentlichkeit zu tragen, hat mich Schriftsteller werden lassen, und ich kann mich nicht entschließen, darauf zu verzichten.« (Jurek Becker; zit. n. Kiwus, S. 105)

Alle Hoffnungen auf eine Publikation in der DDR platzen, als Höpckes Chef Kurt Hager Becker öffentlich als »sehr lebensfremd oder sehr voreingenommen« (Briefe, S. 353) brandmarkt. Der Hinstorff Verlag, den mittlerweile der linientreue und Stasiinformant Harry Fauth leitet, stuft Beckers Roman danach als »objektiv schädlich« (Briefe, S. 67) ein, obwohl kurz zuvor noch von einer Veröffentlichung im Frühjahr 1978 die Rede ist.

Während einer Westlesereise zwischen dem 20. August und dem 10. September 1977 überarbeitet Becker mit seiner Lektorin Elisabeth Borchers den Roman. Sie empfiehlt ihm, den Arbeitstitel *Leben in der Luft* zugunsten von *Schlaflose Tage* aufzugeben. Becker vereinbart mit Suhrkamp, den Roman im Frühjahr zu veröffentlichen. Als Becker am 10. Oktober 1977 seiner Lektorin die letzten Korrekturen zusendet, spricht er kaum noch verschlüsselt von seiner Ausreise: »Die Luft wird mir allmählich knapp in diesem Zwischenraum, der doch kein dauernder Aufenthaltsort sein kann.« (Briefe, S. 68)

Lesereise im Westen

Nicht zuletzt die Diskussion um seine Rolle als Schriftsteller bewegt Becker dazu, am 7. November 1977 ein zweijähriges Visum für den Westen zu beantragen. Becker darf ausreisen – ein unbequemer Kritiker weniger im Land.

Beckers Roman einer Midlife-Crisis lesen die Feuilletons politisch, denn *Schlaflose Tage* strotzt vor Mündigkeit, und zwar nicht nur zwischen den Zeilen. So werten Kritiker das Buch als DDR-Variante einer sogenannten bundesdeutschen neuen Innerlichkeit – im selben Jahr erscheint ebenfalls bei Suhrkamp Martin Walsers *Ein fliehendes Pferd* – bzw. insgesamt als den »Roman eines Störenfrieds« (*Neue Rundschau*, 1978, Heft 3) oder gar als »Agitationsliteratur« (*Süddeutsche Zeitung*, 11. 4. 1978). Trotz manch vehementem Satz wisse Becker auch leisere Töne anzuschlagen. Sein Roman sei »kein Aufschrei«, sondern gleiche »einem privaten Achselzucken: vorläufig läßt sich nichts ändern …« (*Frankfurter Neue Presse*, 12. 4. 1978) Auf wenige wirkt Beckers Roman zu zaghaft, so als sei er in der Absicht verfasst, »nur ja nicht zuviel Wirklichkeit zu vermitteln, um das Manuskript auch einem DDR-Verlag anbieten zu können«. (*Die Welt*, 8. 4. 1978) Die politische Absicht fordere laut Fritz J. Raddatz jedoch ihren Preis. Der Kritiker wirft dem Roman vor, er sei kunstlos, »weil eben alles verkündet wird«. Becker lenke die Lektüre des Lesers übermäßig, denn er bestecke »seine Figuren mit Bedeutungswimpeln«. (*Die Zeit*, 10. 3. 1978) Der Verriss von Raddatz bewegt Becker zu einer der pointiertesten Antworten auf eine Kritik. Becker gesteht Raddatz großherzig zu, *Schlaflose Tage* für sein »bisher

»Neue Innerlichkeit«

> »Nur eins kann ich Ihnen unmöglich durchgehen lassen: das Bild. Ich bin seit über zwei Jahren Nichtraucher und unmäßig stolz darauf. Da man von der ZEIT die größte Aktualität gewohnt ist, wird jetzt jeder Bekannte, der mich dort sieht, sofort an Rückfall denken. Und so weit, meine ich, sollte eine Rezension nicht gehen.« (Jurek Becker am 17. März 1978 an den Feuilletonchef der *Zeit*, Fritz J. Raddatz; Briefe, S. 82)

schwächstes Buch« zu halten, um dessen Kritik dann ironisch zu kontern.

Die Kritik am Roman spiegelt den Stand der Beziehungen

zwischen dem Westen und dem Osten Deutschlands. So wundert es kaum, dass Becker selten zugestanden wird, eine Geschichte erzählt zu haben, die über deutsch-deutsche Befindlichkeiten hinausgehen könnte. Eine Ausnahme ist Peter Pawlik. Er sieht in Simrock bei aller Systemkritik einen Menschen, »dem Lüge und Anpassung unerträglich werden, und nur das Bühnenbild ist sozialistisch«. (*Die Weltwoche*, 12. 4. 1978) Gerade wegen der kulturpolitisch höchst aufgeladenen Entstehung ist *Schlaflose Tage* folglich ein viel und widersprüchlich besprochenes Buch, das in Beckers Gesamtwerk nicht nur in autobiographischer Lesart so etwas wie ein Ost-West-Scharnier darstellt.

Ost-West-Scharnier

Aus Beckers Roman macht Regisseur Diethard Klante einen Fernsehfilm, den die ARD am 5. Dezember 1982 ausstrahlt.

Nach der ersten Zukunft

Frankfurt/M.: Suhrkamp, 1980

Nach der ersten Zukunft versammelt 25 Erzählungen unterschiedlichsten Umfangs, darunter vierzeilige Geschichtendestillate wie *Die Klage* und längere Prosastücke wie die 41-seitige Getto-Geschichte *Die Mauer*. Darin findet der Leser jene Themen wieder, die er von Becker bereits aus den vorangehenden vier Romanen kennt: Geschichten aus dem Lager

> »Das Selbstverständliche, das beinah wie Schlaf ist, kurz unterbrechen. Ein paar Minuten ohne die bewährten Argumente auskommen. Dann eine Stunde, dann einen Tag. Ein Spiel spielen: Die Rolle seines Feindes übernehmen. Doch nicht absichtlich stümperhaft, sondern mit allem Ehrgeiz. Bis die Furcht, sich als der eigene Feind überzeugend zu finden, sich nach und nach verliert. Nicht gleich verzweifeln bei dem Gedanken: Warum eigentlich nicht? Er ist die Seele des Spiels.« (Jurek Becker, Zukunft, S. 200)

oder solche aus dem Alltag der DDR; darüber hinaus einige, die sich Beckers neuen Reisemöglichkeiten verdanken wie *New Yorker Woche* oder *Ohio bei Nacht*.

Viele Geschichten erzählen vom Erzählen, so auch *Der Großvater*, die den Band eröffnet und als poetologischer Generalschlüssel zu den folgenden Geschichten passt. »Am allerwohlsten fühlt sich der Erzähler nämlich«, schreibt Becker, »wenn links und rechts von seinem Weg noch etwas Wahrheit übrigbleibt, zum Ausweichen sozusagen.« (Zukunft, S. 9) Das ist Prinzip seit *Jakob der Lügner* – Erklären der Welt durch eine wilde Fantasie, die in der Wirklichkeit luftwurzelt.

Die meisten Geschichten kreisen um ein Glück, das nicht selten von ›höheren Mächten‹ wie Behörden oder Polizisten gefährdet zu sein scheint. Und zwar ist ein Glück gemeint, das im Hier und Jetzt spürbar sein muss. Deshalb misstraut der Redner bei seiner *Ansprache vor dem Kongreß der unbedingt Zukunftsfrohen* einer Methode, »die grob gesagt darin bestand, die Mißlichkeiten des Tages mit dem Glück der Zukunft zu bekämpfen«. (Zukunft, S. 202) Was ein wahrhaft frei schweifendes Denken zum Glück der Gegenwart beiträgt, erzählt Becker in *Das eine Zimmer*. In dieser Geschichte beharrt ein Paar beim Wohnungsamt trotz angespannter Marktlage auf einem »Probierzimmer« für eigene Visionen, denn schließlich wolle man »nicht irgendwann beim Phantasieren ertappt werden, wie bei etwas Verbotenem, und dann den Vorwurf hören: Ihr habt hier nicht zu phantasieren, sondern zu schlafen, wo das Zimmer doch als Schlafzimmer ausgewiesen ist!« (Zukunft, S. 232 f.) Fantasie gehört als Grundnahrungsmittel zu einem guten Leben, sagt die Geschichte, und dafür lohnt sich so manche Entbehrung.

Vertrauen die meisten Prosastücke auf den fantasierenden Leser und sein ästhetisch-politisches Urteil, so gehören Scheinfragen wie die folgenden zu den Ausnahmen: »Wenn auch nur eine Meinung verboten ist, geraten dann nicht alle anderen Meinungen in ein schiefes Licht? Und vergeht nicht gerade darum so vielen die Lust, eine erlaubte Ansicht zu vertreten, auch wenn es die eigene ist?« (Zukunft, S. 188) Eine weitere Ausnahme in diesem Band: Becker schreibt erstmals eine Geschichte über Westberlin, und zwar in *Romeo* über einen Gastarbeiter, der im Osten der Stadt eine Freundin findet.

»Alle diese Geschichten sind zwischen 1977 und 1980 geschrieben worden«, erinnert sich Becker, »ein Teil davon in Oberlin, Ohio. Die Reihenfolge weiß ich aber nicht mehr.«

(Briefe, S. 154) Drei davon sind bereits vor der Buchpublikation zu lesen. *Der Ring und all das andere* bringt 1978 die *Frankfurter Allgemeine Zeitung*, *Ohio bei Nacht* 1979 die *Zeit* und *Romeo* erscheint unter dem Titel *Jenseits der Grenze* im – man sehe und staune – *Playboy*. Nachdem *Schlaflose Tage* nicht im Osten erscheinen konnte, sieht Becker seine *Erzählungen* als Prüfstein. Von diesem Buch hänge viel ab, »zum Beispiel ob ich weiter in der DDR leben werde«. (Briefe, S. 96)

Prosa im *Playboy*

Im Oktober 1979 bekommt der Hinstorff Verlag Beckers Manuskript, das zu dieser Zeit auch schon Suhrkamp vorliegt. Trotz Verhandlungen scheitert eine Publikation in der DDR zunächst, zumal der Cheflektor von Hinstorff, Horst Simon, ein doppeltes Spiel

> »Weltliteratur schreibt sich nicht von alleine, irgendeiner muß es schließlich tun, und die meiste Arbeit bleibt an uns Juden hängen, wie üblich.« (Jurek Becker an Jaap Walvis am 22. Dezember 1978; Briefe, S. 96)

spielt. Einerseits stellt er Becker eine Publikation in Aussicht und andererseits rät er als IM Schönberg der Stasi davon ab, das Manuskript zu veröffentlichen.

Wer Becker nach *Schlaflose Tage* auf unverhohlene Kritik am Kommunismus und der DDR festlegen will, zeigt sich bei dem neuen Buch irritiert. Kritisch beurteilt Dorothee Hammerstein Beckers Erzählungen als »literarische Fingerübung« und »Kunststückchen«. (*Badische Zeitung*, 10. 12. 1980) Jörg Bernhard Bilke sieht die parabolische Verfremdung vieler Geschichten gar als Kniff, um ein Erscheinen in der DDR zu ermöglichen und bemerkt an ihnen eine »verquälte Rücksichtnahme auf die Empfindlichkeit der SED-Funktionäre«. (*Die Welt*, 27. 9. 1980) Dem poetischen Verfahren Beckers kommt Peter Demetz näher, der den Autor als einen »Dissidenten von ausgesuchter Höflichkeit« beschreibt. Dabei sei es »gerade der höfliche und ruhige, um nicht zu sagen zärtlich einfühlende Blick, der tiefer sieht als das getrübte Auge der Aufgeregten«. (*Frankfurter Allgemeine Zeitung*, 4. 10. 1980)

Fast alle Geschichten bringt Beckers alter DDR-Verlag Hinstorff 1986 unter dem Titel *Erzählungen* heraus. Im Insel-Verlag erscheint 1992 *Die beliebteste Familiengeschichte und andere Erzählungen* als schmale Auswahl des *Zukunft*-Bandes, die Becker um die Erzählung *Gäste* ergänzt. *Die Mauer* adaptieren Becker (Drehbuch) und Frank Beyer (Regie) 1995 unter dem Titel *Wenn alle Deutschen schlafen* fürs ZDF. Aus Motiven von *Romeo* macht Andreas Dresen 1990 den Schwarzweißfilm *So schnell es geht nach Istanbul*.

Aller Welt Freund

Frankfurt/M.: Suhrkamp, 1982

Aller Welt Freund erzählt in 13 Kapiteln und einem Selbstmordprolog die Geschichte des Nachrichtenredakteurs Kilian, der sich eines nebligen Tages im Oktober 1980 das Leben nehmen möchte. Die Abwesenheit seiner Vermieterin Ria Abraham nutzt er dafür, sämtliche Gashähne in der Wohnung aufzudrehen. Die Vermieterin kommt jedoch unerwartet früh zurück. Was letztlich bei Kilians Selbstmordversuch herauskommt, sind ein gebrochener linker Arm und ein Erklärungsnotstand gegenüber Freundin Sarah, Mutter Sonja, Zwillingsbruder Manfred und seinem Arbeitgeber.

Rund eine Woche lang verfolgt der Leser aus nächster Nähe den Weltschmerz Kilians, der sich in verschiedenen Ge-

Der Autor als Romanfigur – Jurek Becker stellt Kilians missglückten Selbstmord aus der Eingangsszene von *Aller Welt Freund* nach; Foto von Werner Bern, *Süddeutsche Zeitung Magazin*, 11. Oktober 1991

sprächen für seine missglückte Tat rechtfertigen muss. Selbst ein »Beauftragter des Staates« (Welt, S. 60) interessiert sich für seinen Fall. Sein Besuch dient allerdings dem Staatsschutz, da solche wie Kilian zu allem fähig seien. Der Selbstmörder gefährde potentiell die Allgemeinheit, »denn das System der Strafen greift bei ihm nicht«. (Welt, S. 65) Ironischerweise gilt in der Logik der offiziellen Behörden derjenige als staatsgefährdend, dem Staat und Welt schwer auf der Seele liegen.

So also sieht der Staat Kilians Tat, aber was sagt das nächste Umfeld zu seiner Gasvergiftung? Seiner 19-jährigen Freundin Sarah jedenfalls verschweigt Kilian den Selbstmordversuch. So reicht seine Unpünktlichkeit bei einer Verabredung als Grund, sich von Kilian zu trennen. Zudem spürt Sarah schon länger, dass etwas in der Beziehung nicht stimmt. Sie gehört mit ihren alltäglichen Beschwernissen zur Gegenwelt Kilians, der sich stets um die großen Weltfragen kümmert, und deshalb lässt sich mit ihr wunderbar darüber streiten, »ob man die Sorge um die Zukunft der Menschheit höher bewerten sollte als die Sorge um ein gelungenes Make-up«. (Welt, S. 85 f.)

Große Fragen und Make-up

Tiefer und ausführlicher als mit der Exfreundin gestalten sich Kilians Gespräche mit Zwillingsbruder Manfred. Bei einer gemeinsamen Kneipentour stellt sich im Alkoholdunst vorläufige Klarheit ein. Der hypersensible Kilian versuche »aller Welt gut Freund« (Welt, S. 140) zu sein, meint der Bruder, und sei ein stiller Brüter, was Konflikte angeht: Er lasse sie in sich »hinein, einen wie den anderen, aber keinen wieder heraus«. (Welt, S. 141) Die Schlechtigkeit der Welt nimmt Kilian persönlich, als habe sich alles gegen ihn verschworen. Er sieht den ganzen Erdkreis durch die maus-graue Brille der Melancholie: »So wie die Menschen aufhören, eigene Schicksale zu haben, unverwechselbare, und nur noch vorgefertigte Biographien ableben, so gleichen sich auch die Ereignisse immer mehr.« (Welt, S. 180)

> »Ich werde krank vom Zeitunglesen und höre nicht auf damit, ich habe haargenau den richtigen Beruf. Ich habe die Katzenphobie und arbeite in einer Zoohandlung, Abteilung Katzen.« (Jurek Becker, Welt, S. 108)

Warum Kilians Verdruss nach sieben Jahren Zeitungsarbeit derart groß geworden ist, kann der Leser bis zum Schluss schwer nachvollziehen. Ob die schlechten Nachrichten aus

»Mußte diese
Unglückliche so
früh zurückkom-
men und alles
verderben« –
Seite aus dem
Typoskript von
Aller Welt Freund

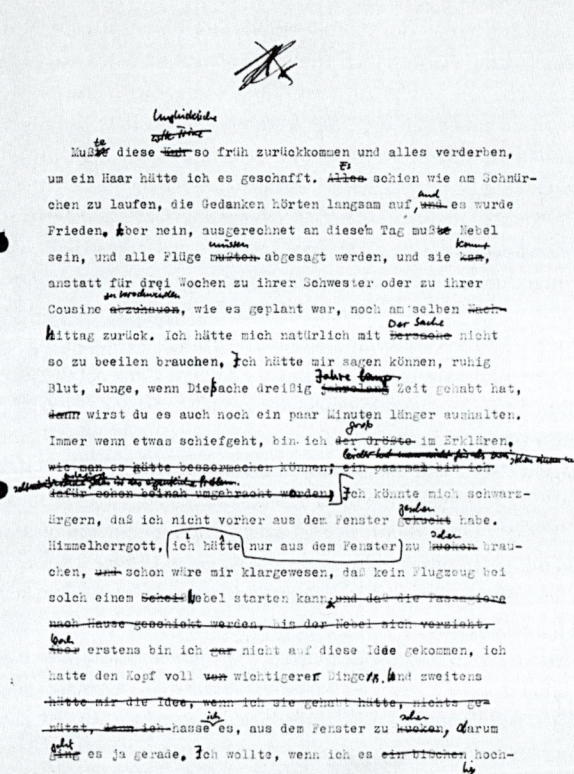

aller Welt, mit denen Kilian als Redakteur täglich zu tun hat,
als Leidmotive dafür ausreichen?

Kilians Chef kennt vergleichbare Fälle und legt ihm deshalb
am Ende des Romans nahe, wieder ins Nerven schonendere
Sport-Ressort zu wechseln. Beckers Ironie macht aus Kilians
tief empfundenen Frustrationen keine weinerliche Leidensge-
schichte über die schlechte Welt. Der humorvolle Ton des
Autors verharmlost jedoch weder die globalen Katastrophen,
noch den Selbstmordversuch Kilians, sondern nimmt seine
narzisstische Gewissheit aufs Korn, für alle Missstände verantwortlich zu sein. Wer daraus einen unterschwelligen Kom-

mentar zur ›Neuen Subjektivität‹ lesen möchte, liegt vermutlich nicht falsch. Das erklärt auch, warum Beckers Roman so ortlos daherkommt, gar in einem »politischen Niemandsland« (*Frankfurter Allgemeine Zeitung*, 5.10.1982) angesiedelt zu sein scheint. Um die Weltlage oder das Deutsche in Ost und West geht es in diesem Roman also nicht. Wichtig sei »weniger die Tatsache der existierenden Kriege, als vielmehr die Reaktion Kilians auf diese Tatsache«. (*Allgemeine Jüdische Wochenzeitung*, 11.3.1983) Der Ort des Romans ist folglich das Innere, das sich der Leser bei Kilian mitunter besser ausgeleuchtet gewünscht hätte. Beckers Roman kommt als typischer Fall einer Literatur daher, die das Ungenügen des Ichs an der Welt kultiviert. Bei allem Leiden an *der* Gesellschaft Ich gegen Welt fehlt dem Roman nur eines: die Gesellschaft. So bliebe die Melancholie Kilians in dieser Lesart ein unspezifisches Unbehagen. Das passt so manchem Rezensenten nicht, der sich nach dem engagierten Becker der *Schlaflosen Tage* sehnt. So fällt die Häme deutlich aus, wenn Holger Schlodder von einem »insgesamt mißlungenen Roman« (*Wiesbadener Kurier*, 7.10.1982) spricht und Norbert Schachtsiek-Freitag Beckers Plaudereien über Weltbewegendes als »kurzweilige Unterhaltung« (*Badische Zeitung*, 11./12.12.1982) abkanzelt. Jürgen P. Wallmann fasst den häufig bemängelten Unterschied zwischen Inhalt und Form wie folgt zusammen: »Seinem anspruchsvollen Thema freilich – der ausweglosen Verzweiflung über den Zustand unserer Welt – kann dieses munter erzählte Buch kaum gerecht werden.« (*Der Tagesspiegel*, 14.11.1982) Wer wie Jörg Bernhard Bilke noch weiter gehen möchte, mag spekulieren, »der seit fünfeinhalb Jahren in West-Berlin wohnende Erzähler habe kapituliert und versuche nun, sich auf westdeutsche Thematik einzustimmen.« (*Die Welt*, 16.10.1982)

Bereits Ende Juni 1982 erhält Lektorin Elisabeth Borchers Beckers letzte Korrekturen, so dass der Roman im folgenden Herbst erscheinen kann. Trotz der Schwierigkeiten mit den letzten Manuskripten stößt Beckers Roman auf ebenfalls großes Interesse beim Hinstorff Verlag, dem das Manuskript im Mai 1982 vorliegt. Vom positiven Votum des Verlags hebt sich ein Gutachten der Hauptverwaltung Kultur ab, die das Werk zwar nicht als politisch problematisch, aber als sprachlich und inhaltlich minderwertig einstuft. Dennoch erscheint das Buch ein Jahr nach der Suhrkamp-Ausgabe in der DDR.

Bronsteins Kinder
Frankfurt/M.: Suhrkamp, 1986

Mit *Bronsteins Kinder* endet Beckers Holocaust-Trilogie, die sich seit seinem ersten Werk immer mehr auf die Gegenwart des Lesers zu bewegt; vorausgegangen sind die Romane *Jakob der Lügner* und *Der Boxer*. Und außerdem verdankt die deutsche Literaturgeschichte *Bronsteins Kindern* einen der besten ersten Sätze, der den unsentimentalen Grundton dieses Romans in zwei knappen Zeilen anstimmt: »Vor einem Jahr kam mein Vater auf die denkbar schwerste Weise zu Schaden, er starb.« (*Bronsteins Kinder*, S. 7) Diesem Tod und seinen Begleitumständen geht der 19-jährige Hans Bronstein nach, der vorübergehend bei dem jüdischen Ehepaar Hugo und Rahel Lepschitz und ihrer Tochter Martha lebt, mit der er früher eng befreundet war.

Abschluss Holocaust-Trilogie

Vor allem ein Vater-Sohn-Konflikt durchzieht Beckers Roman, der 1973/74 in Ostberlin spielt. Arno Bronstein litt als jüdischer KZ-Häftling unter dem Faschismus, sein Sohn Hans kennt diese Zeit nicht mehr aus eigener Erfahrung. Durch seine Erinnerungen an den Vater spürt der künftige Philosophie-Student, wie stark seine Biographie mit der scheinbar überlebten Nazizeit verzahnt ist, und Hans fragt sich, ob er als Nachkriegskind dennoch »Opfer des Faschismus« sein kann.

Vater-Sohn-Konflikt

> »Täglich erwarte ich einen Brief von der Universität. Wahrscheinlich werde ich angenommen, ich habe wenig Zweifel: mein Abiturzeugnis ist gut, und Hinterbliebener zweier Opfer des Naziregimes bin ich auch, was soll da schiefgehen.« (Jurek Becker, *Bronsteins Kinder*, S. 11)

Was den Rückblick des Ich-Erzählers befeuert, ist nicht nur der Tod des Vaters, durch den Hans und seine ›irre‹ Schwester Elle elternlos werden, sondern eine unerhörte Begeben-

Werk

heit: Im Waldhaus der Bronsteins entdeckt der Erzähler zufällig seinen Vater und dessen Freunde Rotstein und Kwart bei einem grausamen Verhör. Sie züchtigen Arnold Hermann Heppner, einen ehemaligen SS-Mann und KZ-Aufseher in Neuengamme, der seine vermuteten Untaten gestehen soll. Rotstein und Kwart handeln nicht im Affekt, sondern so, als hätten sie mehr als 30 Jahre auf ihre Rache gewartet. Das Verhalten seines Vaters regt Hans an, über das juristische und moralische Recht dieser Selbstjustiz nachzudenken, zumal die geltenden Staatsgesetze eine ›ordentliche‹ Verurteilung Heppners als Naziverbrecher fraglos zuließen. So erscheint ihm die Zusammenkunft der Folterer wie ein »Treffen der Lagerleitung«. (*Bronsteins Kinder*, S. 220) Offen bleibt bis zum Schluss, ob Heppner ein Mitläufer in niederer Position oder ein wichtiges Rad im mörderischen Getriebe des Dritten Reiches war. Als der Erzähler Heppner befreit, entdeckt er neben ihm seinen toten Vater. Heppner flieht schließlich in den Westen.

Gesetz und Selbstjustiz

Ohne faschistisches Unrecht zu leugnen, entscheidet sich *Bronsteins Kinder* weder für die Partei des Sohnes noch für die des Vaters. Becker denkt aus der Sicht eines Nachgeborenen darüber nach, wie ohne gängige Klischees an das Dritte Reich erinnert und deutsche Vergangenheit bewältigt werden könnte. Der Nazi Heppner erscheint deshalb nicht als Ungeheuer. Ihm geschieht – bei aller Spekulation über seine Taten – nicht weniger Recht als den überlebenden Opfern der Nazizeit, die bei Becker zu seinen Folterern werden.

> »›Bronsteins Kinder‹ liest sich mitunter wie eine gutgelungene Kriminalstory, gelegentlich wie ein Liebesroman und mitunter auch als eine Familiengeschichte.« (Wolf Scheller in der *Presse* vom 3./4. Januar 1987)

Becker erzählt von einer Rache, für die es in der Wirklichkeit kaum Vorlagen gibt. Bereits seit Mitte der siebziger Jahre hat er die Idee zu diesem Buch, das ursprünglich *Wie ich ein Deutscher wurde* heißen soll. Anfang der achtziger Jahre liest Becker Prozessakten von Verfahren gegen Nazi-Kriegsverbrecher, um sich gründlich auf *Bronsteins Kinder* vorzubereiten. Ende 1984 beginnt er den Roman zu schreiben. Autobiographische Motive spielen bei diesem Werk ebenso hinein wie eine Beobachtung, die Becker bei einem Prozess gemacht hat. Becker wunderte sich, wie ergeben die Zeugen den Gerichtssaal verließen, obwohl kurz zuvor der Angeklagte freigesprochen worden war, den ihre Aussagen belastet hatten. Darüber hinaus spielt als Quelle des Romans der einzige Fall von Selbstjustiz eine Rolle, an den sich Becker in diesem Zusammenhang erinnert. Als Zehnjähriger hört er von seinem Vater eine Geschichte, die im Berlin des Jahres 1946 spielt: »Ein Freund des Vaters sieht aus der Straßenbahn, wie ein Aufseher des Lagers, in dem er noch kurz zuvor gewesen ist, auf der Straße geht. Er springt ab, nimmt einen Ziegelstein und schlägt dem Mann den Kopf ein. Er wird […] vor ein britisches Militärgericht gestellt und zu fünf Jahren Gefängnis wegen Totschlags verurteilt. Nach drei Jahren wird er entlassen und lebt später als Taxifahrer.« (*Die Zeit*, 3.10.1986) Becker verschärft die ursprüngliche Geschichte insofern, als zwischen der Tat Heppners und den Folterungen im Waldhaus nicht ein Jahr, sondern drei Jahrzehnte liegen. Um das Mitgefühl des Lesers geht es Becker dabei als Letztes. »Begreifen ist wichtiger«, sagt er im *Zeit*-Interview.

Eher zufällig erscheint das Buch zu einer Zeit, als Historiker **Historikerstreit** darüber streiten, ob der deutsche Faschismus nicht in die Geschichte der historischen Massenmorde einzureihen sei und somit seine Einzigartigkeit verlieren sollte. Was der Leser aus dem Buch lernen kann, steht zwischen den Zeilen und findet in der Figur des jungen Bronstein sein Ziel – in seiner Entwicklung »weg von den fremden Führern und Vätern hin zum eigenen ›Urteil‹«. (*Wiesbadener Kurier*, 3.10.1986)

Nach der mittelprächtigen Resonanz auf seine letzten Bücher versöhnt *Bronsteins Kinder* das Feuilleton mit dem, was man seit *Jakob der Lügner* als Messlatte für Beckers literarische Fähigkeiten ansieht. Uwe Wittstock zum Beispiel glaubt mit dem neuen Buch an »eine Revision alter, mißglückter Romane«. Er sieht in Becker »einen Erzähler und Moralisten, den die Vergangenheit nicht ruhen läßt und der gerade deshalb ein zuverlässiges Bild unserer Gegenwart zeichnet«. (*Frankfurter Allgemeine Zeitung*, 30. 9. 1986) Der Roman besticht insgesamt durch die Art und Weise, wie er das Nachdenken über die Folgen der Nazizeit anstößt: Was hat also die Generation der nach dem Krieg geborenen Söhne und Töchter mit dem Dritten Reich zu tun? Was bedeutet für sie die »Gnade der späten Geburt«? Was ist – und ab wann – normal nach dem Holocaust? Ist die Zeit reif für einen neuen Anfang?

Über die bescheidene Wirkung seines Buches macht sich Becker keine Illusionen, jedoch hofft er, sensibler zu machen für Erinnerungskultur und Rassismus. Seiner Ansicht nach haben Bücher »im glücklichsten Fall die Möglichkeit, die Alarmglocken in einer Gesellschaft empfindsamer einzustellen«. (*Westdeutsche Allgemeine Zeitung*, 30. 10. 1986)

Verfilmt wird der Roman 1992 unter der Regie von Jerzy Kawalerowicz, der mit Becker gemeinsam das Drehbuch schreibt. Beckers Roman schneidet um Längen besser ab als der Film, den die Kritik als »bebilderte Podiumsdiskussion« (*die tageszeitung*, 25. 6. 1992) und »schwitzenden Lichtbildervortrag« (*Die Zeit*, 26. 6. 1992) geißelt.

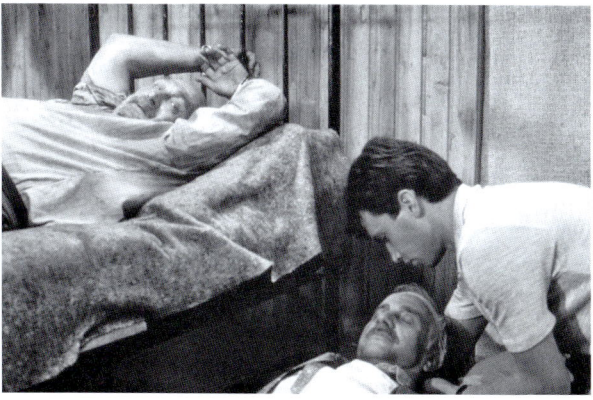

Opfer und Täter – Schluss der Verfilmung von *Bronsteins Kinder* **mit Rolf Hoppe (im Bett), Matthias Paul und Armin Mueller-Stahl (liegend), 1992**

Liebling Kreuzberg

ARD, 1986-98

Wer vorhersagen müsste, was vom Erzähler Becker bleibt, käme zügig auf *Jakob der Lügner*. Noch einfacher fällt der Tipp beim Drehbuchschreiber Becker, den die Anwaltsserie *Liebling Kreuzberg* populärer macht als all seine anderen Arbeiten. Schuld an allem ist der Fernsehproduzent Otto Meissner. Er hat die Idee zu einer Serie über einen Berliner Rechtsanwalt, die sowohl seinen beruflichen Alltag wie sein Privatleben schildern soll, und überzeugt davon Lothar Loewe, Intendant des SFB. Schnell kommt man auf Manfred Krug als Hauptdarsteller, Krug wiederum bringt Becker als Drehbuchautor ins Spiel, der für die Serie – wie zuvor oft bei der DEFA – unter Pseudonym schreiben möchte. Der Sender erhofft sich von Beckers Namen jedoch eine höhere Zugkraft. Schließlich **58 Folgen gute** gibt Becker nach, und so kommt es zu 58 Folgen um Anwalt **Unterhaltung** Robert Liebling, von dem Becker 1983 in einer Vorbemerkung zur Serie schreibt: »Er mag das kleine Leben, mit dem er zu tun hat, er fühlt sich von ihm angezogen. Auch wenn man ihn oft laut oder selbstherrlich oder bissig oder ausfallend erlebt, so ist er doch niemals arrogant; zumindest nicht den sogenannten kleinen Leuten gegenüber.« (zit. n. Kiwus, S. 199) In den Medien gilt der raubeinig-edle Liebling als engagierter wie prinzipientreuer »Robin Hood von Kreuzberg«. (*Süddeutsche Zeitung*, 7. 10. 1997)

Schauplatz Robert Liebling arbeitet im Westen Berlins, was nicht erwäh-
Westberlin nenswert wäre, wenn nicht Beckers sonstige Bücher alle vom Osten erzählten. Beckers Liebling fällt durch Stoppelbart, Schlapphut und grelle Krawatten, seine Vorliebe für Wackelpudding und durch zahlreiche Frauengeschichten auf. Mehr als zehn Jahre lebt die Serie von dieser starken, vierschrötigen Figur, in die Krug wie in einen Maßanzug schlüpft. Um die Hauptfigur herum gibt es personelle Änderungen und ein paar Feinjustierungen. So wechselt Liebling vom Motorrad zu einem Mercedes Cabrio, bekommt ein Handy und rasiert sich ab Staffel fünf regelmäßiger. Becker selbst spielt in mancher Folge den Exmann der Staatsanwältin Rosemarie Monk. Die erste Folge *Der neue Mann* strahlt die ARD am 17. Februar-

ar 1986 aus, die letzte mit dem programmatischen Titel *Der
einzige Ehrliche* am 17. März 1998. Die Serie läuft wöchentlich
zur besten Sendezeit, erst montags, später dienstags um 20.15
Uhr. Die Folgen dauern jeweils 45 Minuten; die ersten sechs
spielen Quotenrekorde von bis zu 47 Prozent ein.

**Quotenrekorde
für die Serie**

Von den 58 Drehbüchern schreibt Becker 45. Nach drei Staffeln glaubt er sich allmählich zu wiederholen und überlässt
auf dem Höhepunkt des Erfolgs seine Hauptfigur Ulrich
Plenzdorf, der die 13 Folgen von Staffel vier verfasst. Becker
erlaubt seinem Autorenkollegen sogar den Umzug Lieblings
nach Prenzlauer Berg und damit in den Osten. Das Publikum
jedoch mag den neuen Liebling weniger, zumal Plenzdorf seine Botschaften per »Frontalunterricht und Zeigefinger« (zit.
n. Kiwus, S. 194) vermittelt. So überredet Otto Meissner Becker 1995 zu einer weiteren Staffel, mit der die Serie wegen
Beckers Tod und Krugs angeschlagener Gesundheit endet.

Bei allem Erfolg fürchtet Becker, dass ihn die Fernsehge-
schichten von seiner Schriftstellerei abhalten. Im März 1986
bittet Becker deshalb Marcel Reich-Ranicki, der wiederholt
nach aufgezeichneten *Liebling*-Folgen fragte, »beim Ansehen
der Kassette zu bedenken, daß es sich bei diesen Filmchen
weniger um das Resultat ernsthafter Arbeit als um einen Ausbruch von Erwerbssinn handelt. Und nicht einmal dazu wäre

**»Ausbruch von
Erwerbssinn«**

ich fähig gewesen, wenn nicht Krug mich an den Haaren in die Fernsehmaschine hineingezogen hätte.« (Briefe, S. 166) Einen ähnlichen Tenor hat der Brief an Egon Schwarz, dem Becker über die langwierige Arbeit an der zweiten Staffel schreibt: »Sie befriedigt mich ungefähr so wie ein Sturz aus einem Fenster im – sagen wir – zweiten Stock, läßt mich andererseits aber so viel Geld verdienen, daß mir das Romane-Schreiben plötzlich wie eine rührende Freizeitbeschäftigung vorkommt.« Seine Frau Christine sieht zudem ungern, wenn ihr Mann zu stark dem »Erwerbstrieb« nachgibt, und wünscht, dass Becker mit dem »Fernseh-Unsinn« aufhört und wieder »Vollzeitliterat« wird. (Briefe, S. 235)

Recherche und Schreiben fordern den ganzen Autor. Becker schaut sich Prozesse an, um ein besseres Gefühl für die Rechtsprechung und vor allem für die daran beteiligten Menschen zu bekommen. Juristisch berät ihn sein Freund Nicolas Becker, der in einer renommierten Berliner Kanzlei als Juniorpartner von Otto Schily arbeitet. Durch seine gründliche, klischeeferne Arbeit verbessert Becker nebenher das Renommee von Anwälten. Dafür ehrt ihn 1988 der Deutsche An-

»Lieber Jurek,

die 18. Folge ist, finde ich, die schönste und es sind ganz wenige Anmerkungen, die ich zu machen habe.

Auf Seite 32 müßte Wolter zutreffenderweise sagen: ›Das Delikt heißt *Untreue*‹ anstelle von ›Unterschlagung‹, wie es bei Dir heißt. Der Rechtsanwalt, der nicht unverzüglich auskehrt, begeht nämlich eine Untreue.

Auf Seite 98 fragt Pommerenke: ›Amtsgericht Moabit‹. Das ist eine unzutreffende Bezeichnung, die auch niemand je gebraucht. Entweder Du sagst ›Kriminalgericht‹ oder Du sagst einfach ›Moabit‹ oder Du sagst ›Amtsgericht Tiergarten‹, dann kann er nur beim Amtsgericht verurteilt worden sein, also nur in kleineren Dingen. Was auch noch ginge, wäre ›Kriminalgericht Moabit‹ zu sagen. [...]

Herzliche Grüße   Nicolas«

(Brief von Nicolas Becker an Jurek Becker; zit. n. Kiwus, S. 209 f.)

waltverein mit der Hans-Dahs-Plakette, die nie zuvor ein Nichtjurist erhalten hat.

Becker lässt sich ungern ins Handwerk pfuschen. Als der SFB Becker zwingt, eine Folge umzuschreiben, geht Becker auf die Barrikaden, verbittet sich vertraglich weitere Drehbuch-Eingriffe und fordert einen neuen Regisseur. So folgt Werner Masten auf Heinz Schirk, bei der fünften Staffel führt Vera Loebner Regie. Trotz dieser kleinen Verstimmungen sind die Rahmenbedingungen für Beckers Fernseharbeit geradezu ideal. Das weiß Becker im Grunde auch, und so lobt er im Januar 1988 seinen Produzenten, »der nicht mehr, aber auch nicht weniger tut, als gute Produktionsbedingungen zu schaffen; es gibt genau den Regisseur, den ich mir wünschte, der sich abplagt, Bilder für meine überreichlichen Dialoge zu erfinden und der es nicht für seine Aufgabe hält, alles zu glätten und in mildes Licht zu tauchen; es gibt einen Hauptdarsteller, mit dem ich seit dreißig Jahren befreundet bin und ohne den die Sache für mich undenkbar wäre.« Aus diesen Zeilen spricht ein Schriftsteller, den die Fernseharbeit befriedigt, der es für »keine Katastrophe« hält, »wenn er statt einiger tausend Leser einige Millionen Zuschauer hat«. (zit. n. Kiwus, S. 211)

Was sich Becker bei solchem Zuspruch von *Liebling Kreuzberg* langfristig erhofft? Er wäre froh, wenn die Serie vermittelt, »daß es nicht sinnlos ist, sich zu wehren«. Schließlich sei es wichtig, »das Rechtsgeschehen in einem Land nicht für ein Schicksal zu halten, das vom Himmel über einen fällt«. (zit. n. Graf, S. 68) Diese Philosophie kommt an, und so wird die Folge *Der Beschützer* 1987 mit dem Adolf-Grimme-Preis mit Gold ausgezeichnet, ein Jahr später erhält die komplette erste Staffel denselben Preis versilbert. Weitere Preise folgen, zum Beispiel 1989 der Pressepreis des Deutschen Anwaltvereins und 1990 der Bayerische Fernsehpreis.

Adolf-Grimme-Preise

Auf Drehbüchern von Becker basieren in den neunziger Jahren auch die Filme *Neuner, Wenn alle Deutschen schlafen* und die Serie *Wir sind auch nur ein Volk*, die wie alle Folgen von *Liebling Kreuzberg* von Otto Meissner produziert werden. Die Popularität von *Liebling Kreuzberg* erreichen diese Arbeiten nicht ansatzweise.

Warnung vor dem Schriftsteller
Frankfurt/M.: Suhrkamp, 1990

Warnung vor dem Schriftsteller nennt Becker drei Vorlesungen, die er im Mai und Juni 1989 an der Goethe-Universität in Frankfurt am Main hält. Zu der Poetikdozentur, die im Wintersemester 1959/60 mit Ingeborg Bachmanns *Fragen zeitgenössischer Dichtung* beginnt, lädt ihn der Germanist Horst Dieter Schlosser ein. Nicht nur wegen Bachmann befindet sich Becker in guter Gesellschaft. Seine Dozentennachbarn sind im Semester davor und danach Christoph Meckel mit den *Luftgeschäften der Poesie* und Günter Grass, der sich Gedanken zum *Schreiben nach Auschwitz* macht. Bei seinen Vorlesungen mischt Becker Anekdoten und Analysen des west-östlichen Literaturbetriebs, was ihm in den Hörsälen übervolle Ränge beschert. Becker hat die Poetikdozentur zu einem Zeitpunkt inne, als seine zentralen Werke vorliegen und er als **Poetik eines** Schriftsteller zwischen den Staaten gleichsam eine Grenzgän-**Grenzgängers** gerpoetik versucht. So kommentieren seine Vorlesungen einen Betrieb, den Becker in beiden Teilen Deutschlands mitgestaltet.

Schon Beckers erste Worte zeigen den Zuhörern: Hier tritt einer auf, der von der Poetik *erzählt*, der seine Werkstatt öffnen und dabei vermeiden möchte, wie ein »Vogel« zu wirken, »der sich als Ornithologe gebärdet«. (Warnung, S. 9) Zu Beginn der ersten Vorlesung umreißt Becker, was er sich für die **Programm der** drei Sitzungen vorgenommen hat. Er möchte vor allem un-**Vorlesungen** systematisch über Literatur sprechen, und zwar »von meinen Ansprüchen an sie und von meiner Unfähigkeit, diese Ansprüche zu erfüllen; von den Voraussetzungen für Literatur und von deren allmählichem Schwinden; von den Folgen der Literatur, den erwünschten wie den tatsächlichen; von den Folgen nicht nur für Leser, sondern auch für die Autoren; von der Wichtigkeit der Literatur im Leben eines Landes wie der Bundesrepublik und wie der DDR; von der Rolle, die Schriftsteller bei alldem spielen, ob als Täter oder Opfer.« (Warnung, S. 9 f.) Nachdem Becker von seiner Kindheit, seinem Spracherwerb und seiner Autorschaft erzählt hat, bestimmt er als vornehmste Motivation zum Schreiben »das Bedürfnis nach

Begehrter Gast-
dozent – Becker
warnt bei seiner
Poetikvorlesung
an der Frankfur-
ter Goethe-Uni-
versität vor dem
Schriftsteller,
1989

Stellungnahme«, den »Widerspruch«. (Warnung, S. 13) Literatur sollte nicht mit der Welt versöhnen, sondern von dem
erzählen, was im Argen liegt. »Wenn Sie Schriftsteller sein
wollen«, sagt Becker, »leiden Sie an etwas, seien Sie über etwas
zu Tode erschrocken, stemmen Sie sich gegen etwas, werden
Sie verrückt von etwas.« Die Folgen solch engagierter Literatur schätzt Becker skeptisch ein, ihre Wirkung sei gewiss »grö-
ßer als null, genauere Angaben hielte ich für zu gewagt«.
(Warnung, S. 15) Becker spricht vor allem über die Literatur
in der DDR, die unter den Bedingungen der Zensur entsteht.
Wer sich dagegen auflehnt, den umgebe der Nimbus des Un-
beugsamen. In einer weitgehend gleichgeschalteten medialen
Öffentlichkeit bildeten deswegen kritische Bücher das letzte
öffentliche Forum für Debatten. Kritik habe wegen der Zensur nur »Platz zwischen den Zeilen«, der in den einschlägigen
Büchern »bis zum letzten Millimeter vollgeschrieben« (Warnung, S. 21 f.) sei. Wer als Ostautor im Westen gelesen werden
möchte, sollte Schwierigkeiten mit der Zensur vorweisen
können. »Ein Verbot in der DDR ist hierzulande immer noch
ein gutes Werbeargument«, sagt Becker. (Warnung, S. 24)
Darum kehrten raffinierte Autoren das Spiel um und kalku-
lierten ihre Bücher so, dass der Zensor aufschreit – und sich
der Autor auf dem Westmarkt quasi als staatlich geprüfter

**Lob des Wider-
spruchs**

**Zensur
und Marketing**

Systemkritiker bewerben könne. Werde der DDR-Autor auf eine politische Rolle als Widerstandskämpfer festgelegt, so erwarte man von einem Schriftsteller im Westen schlicht das Bücherschreiben.

In der zweiten Vorlesung widmet sich Becker den Verhältnissen in der Bundesrepublik. Ohne qualitativ zu werten, sieht er die Literatur der BRD vor allem als Wirtschaftszweig. Der Blick auf den Markterfolg verderbe so manches Buch, weil es sich möglichen Käufern anbiedere; das Kunsthandwerk verdränge mithin die Kunst. Dieses Handwerk bringe ordentlich gedrechselte, aber überflüssige Bücher hervor, »die vor allem für eines Sorge tragen sollen: daß der Schornstein raucht«. (Warnung, S. 44) Selbst wenn Becker nicht besonders originell argumentiert, verdanken wir der zweiten Vorlesung eine der pfiffigsten Beschreibungen des Literaturmarktes.

> »Die Ware hat möglichst profitabel zu sein, ob sie nun Leberwurst oder Panzerfaust oder Buch heißt. Sobald die Herstellung nicht mehr lohnt, wird sie um- oder eingestellt, und darüber zu klagen wäre Lyrik.« (Jurek Becker, Warnung, S. 51)

In der dritten Vorlesung erzählt Becker von einem Freund, der bis auf die Lexika seine gesamte Belletristik eingekellert hat. Dieser Freund redet über die unzeitgemäße und »elfenhafte Empfindsamkeit« (Warnung, S. 72) von Bücherfreunden, die nicht entspannt über den Gebrauchswert von Literatur nachdenken können. Becker betont, wie sehr die aktuelle Literatur verwechselbar geworden und verflacht sei – lauter »Abfall« und »geistige Umweltverschmutzung«. (Warnung, S. 83) Ihr fehle der neue, einzigartige Blick auf die Welt, und sie sei »um keinen Deut weniger hohl und oberflächlich als das sonstige intellektuelle Leben«. Deshalb friste sie metaphorisch wie real im Keller des Freundes ein »Schattendasein«. (Warnung, S. 78)

Vom lockeren Ton sollte der Leser nicht auf eine beiläufige Schreibarbeit schließen. Wenn Becker an Sabine Gölz schreibt, die Frankfurter Vorlesungen hätten ihn »sauviel Zeit« (Briefe, S. 252) gekostet, sagt das eine Menge über die schriftstellerische Sorgfalt, die ein unbeschwertes Lesen und Zuhören erst ermöglicht. Wie vorläufig Beckers Überlegungen trotz alledem sind, zeigt die Tatsache, dass er die »großen Veränderungen« (Warnung, S. 51) in Deutschland wenige Monate vor dem Mauerfall nicht einmal ahnt. Manch einem Zuhörer bleibt die Kritik in Beckers Vorlesungen zu vage. »Welche Art Literatur mißfällt ihm, welche Autoren meint er?«, fragt Jochen Hieber (*Frankfurter Allgemeine Zeitung*, 8.6.1989) und bemängelt, was Becker selbst beunruhigt: die Gleichzeitigkeit von unterhaltsamen Produktionen wie *Liebling Kreuzberg* und lupenreiner Hochliteratur wie *Bronsteins Kinder*. Auf Verena Auffermann wirken Beckers Beobachtungen nur wie ein »wohlgeprobtes Donnerwetter«. (*Süddeutsche Zeitung*, 12.6.1989) Für die Publikation, um die ihn Joachim Unseld wiederholt bittet, überarbeitet Becker die Vorlesungen – vielleicht nicht zuletzt wegen der einen oder anderen kritischen Stimme in den Feuilletons.

Amanda herzlos

Frankfurt/M.: Suhrkamp, 1992

Sechs Jahre warten die Leser nach *Bronsteins Kinder* auf Beckers nächsten Roman. Die Drehbucharbeit, vor allem für *Liebling Kreuzberg*, hatte einige Kräfte gebunden. Wie all seine Romane spielt auch *Amanda herzlos* in der DDR. Die Geschichte erstreckt sich bis zum Januar 1989, als noch niemand an den Mauerfall zu denken wagt. Drei Männer, mit denen Amanda Zobel Mitte der siebziger bis Ende der achtziger Jahre in Ostberlin lebte, erzählen von ihren Erfahrungen mit dieser Frau. Die drei Großkapitel des Romans heißen *Die Scheidung (Ludwig)*, *Die verlorene Geschichte (Fritz)* und *Der Antrag (Stanislaus)*.

Im ersten Kapitel steht der Ich-Erzähler Ludwig Weniger kurz davor, sich von Amanda zu trennen. Der Leser spielt den Scheidungsanwalt, vor dem sich der Sportjournalist rechtfertigt. Laut Weniger sei die vierjährige Ehe, aus der Sohn Sebastian hervorging, an der chaotischen Amanda gescheitert. Alles Normale wie Fleiß, Pünktlichkeit und Zuverlässigkeit hasst die intelligente, selbstbewusste Frau, die freiberuflich nahezu erfolglos journalistisch und belletristisch arbeitet. Zudem komme sie – Weniger eingeschlossen – gut ohne Männer aus. In seinem Monolog beklagt Weniger fortwährend Amandas Verhalten, während er gekränkt die Ruinen seines Ehelebens besichtigt.

Schon während ihrer Zeit mit Ludwig beginnt Amanda ein Verhältnis mit dem deutlich älteren Schriftsteller Fritz Hetmann. Analytisch scharf untersucht der renommierte, offiziell als Dissident verschriene Hetmann im zweiten Kapitel seine sieben Jahre wilder Ehe mit Amanda. Dazu sollte vor allem eine autobiographische Novelle dienen, die vermutlich Sebastian auf Weisung Amandas vernichtet hat. Hetmann versucht nun, seine Geschichte zu rekonstruieren, wobei er Dichtung und Wahrheit nicht mehr trennen kann.

Im Tagebuch des dritten Kapitels hält Stanislaus Doll seine Erfahrungen mit Amanda fest. Er arbeitet als Berlin-Korrespondent des NDR und verliebt sich in Amanda auf den ersten Blick. Kennen gelernt hat er sie bei Hetmann, der ihn oft für illegale Botendienste einspannte. Doll lässt seiner gleichaltrigen Freundin Freiheiten, die sie sonst nicht kannte. Sie darf sogar anonym Reportagen für ihn schreiben. Nach behördlichen Schwierigkeiten heiraten beide und ziehen Anfang 1989 – Amanda ist mittlerweile 35 – mit Sebastian in den Westen.

Den Reiz von Beckers Buch machen die Sichtweisen der drei Männer aus, die sich wechselseitig relativieren. So entsteht das changierende Bild einer Frau, die selbst nie zu Wort kommt. Insgesamt erzählt Becker Liebes- und Leidensgeschichten aus dem Alltag der DDR, ohne die anscheinend geglückte Ost-West-Beziehung zwischen Amanda und Stanislaus in einen weihevollen Wenderoman münden zu lassen.

Kein Wenderoman

Für die drei Fassungen von *Amanda herzlos* braucht Becker knapp zwei Jahre. Nachgedacht hat er über den Roman zwar bereits Mitte der achtziger Jahre, aber erst unmittelbar nach der Geburt seines Sohnes Jonathan am 23. Juni 1990 schreibt er die erste Seite. »Der deutschen Entwicklung begegne ich auf ziemlich eigenartige Weise«, teilt Becker Jürgen Keil am 21. Februar 1990 mit. »Ich bin tief versunken in die Arbeit an einem Buch, das mit dieser Entwicklung nicht das Geringste zu tun hat. Aber ich bin mir im klaren darüber, daß ein solcher Schutz nicht ewig hält.« (Briefe, S. 261) An ein politisches Buch – wenn man darunter eines mit einschlägigen historischen Szenen und atmosphärischem Tamtam versteht – denkt Becker jedenfalls nicht, zumal sich der Autor wenig später gegenüber dem Kritiker Fritz J. Raddatz als »Vereinigungsallergiker« (Briefe, S. 263) outet. Am 16. März 1992 bekommt Beckers Suhrkamp-Lektorin Elisabeth Borchers das korrigierte Manuskript mit folgendem Kurzbrief: »Liebe Elisabeth, hiermit gebe ich Dir den Rest. Umarmungen Jurek«. (Briefe, S. 280)

»Vereinigungs-allergiker«

Becker schreibt einen Zeitroman der feineren Art, indem er darauf verzichtet, seinen Text mit politischen Rufzeichen zu durchsetzen. Vielmehr entwickelt er das Politische aus dem Privaten und vermittelt dabei kurz nach der Wende sinnlicher und kompetenter zwischen den beiden Teilen Deutschlands, als das manch ein Kritiker glauben mag. Er meidet das einfache Spiel von Klage und Anklage und vertraut seinen Figuren als Ost-West-Botschafter. Erhard Schütz hebt hervor, wie »Amandas Weg von Weniger über Hetmann und Doll […] gewissermaßen die Honecker-DDR [durchläuft], von der spießig-argwöhnischen Einschnürung über die Ambivalenz zwischen Schriftsteller- und Kirchendissidenz hin zum Weg in den Westen, in dem am Ende zwar Bananen locken, der dadurch aber keineswegs golden wird«. (*Tagesspiegel*, 26. 7. 1992) *Amanda herzlos* korrigiert dadurch stillschweigend einen westlichen Blick auf die DDR, die gern und pauschal als unmenschliches Regime, als finsterer Ort von Unterdrückung, Zensur und Stasi betrachtet wird. Das Politische steckt tief in den Figuren, denn Becker »leuchtet weder in Gefängnisse noch in SED-Zentralen, er zerrt keine Schurken und Peiniger auf die Bühne, ignoriert Aufmärsche, Parteiversammlungen und Drangsalierung, und selbst wo zwei Stasi-Leute den Schauplatz betreten, geht's einigermaßen harmlos ab. Und doch findet sich mehr, weit mehr DDR in dieser Geschichte, als erboste Kritiker wahrhaben wollten.« (Bellin, S. 130.) Wer sich nicht zu schierem Lob aufschwingen kann, rühmt den Roman als »brauchbare Unterhaltungsliteratur«, als eine »amüsante und leichte Lektüre für den Sommer, ein Buch für den Strand«, als »deutschen Realismus für ein breites Publikum«. (*Die Presse*, 1.8.1992) Das »breite Publikum« jedenfalls liebt den Roman und ermöglicht *Amanda herzlos* den Sprung auf die Bestsellerlisten.

> »Ich bin ein zufriedener Mensch: Ich habe einen hübschen Sohn, ich wähle CDU (oder SPD? Ich hab es vergessen), ich stehe auf der Bestseller-Liste, und meine Frau wird einmal viel Geld erben.« (Jurek Becker an Monique und Jaap Walvis am 26. Dezember 1992; Briefe, S. 292)

Unbeeindruckt davon ziehen nicht wenige Kritiker über Becker her. Zu den Standards gehört die Kritik am Becker-Sound, der die drei unterschiedlichen Männer-Figuren dominiere, ihnen fehle eine eigene Sprache. Darüber hinaus kenne Becker den Osten als Wahlwestler kaum mehr und präsentiere seinen Stoff zu leichtfüßig – so als ob jedes Buch über die DDR vor Regimekritik platzen müsse. Schließlich erwähnen westdeutsche Romane, wie Becker einwendet, auch nicht ständig die Brandanschläge auf Flüchtlingsheime. Zudem hat Becker bei *Jakob der Lügner* schon bewiesen, dass sich Leidvolles auch unterhaltsam erzählen lässt.

Von einem Roman, der kurz nach der Wende auf die letzten Jahre der DDR blickt, wünscht die Literaturkritik offenbar anderes. Man wartet auf *das* Buch zum Untergang der DDR und hört scheinbar nur »Nachrichten von der Beziehungsfront«. (*Badische Zeitung*, 26.8.1992) Gemessen an dem kühnste Kritikerhoffnungen weckenden Debüt mit *Jakob der*

> »Ich habe mich oft schon selbst gefragt, warum mein Drang, politische Äußerungen von mir zu geben, seit einiger Zeit so nachgelassen hat. Ich kann mich zwischen zwei Antworten nicht entscheiden. Die erste lautet: Aus Ratlosigkeit. Und die zweite: Weil es sinnlos ist, weil ich doch nichts ausrichte.« (Jurek Becker an den späteren Bundestagspräsidenten Wolfgang Thierse am 17. April 1994; Briefe, S. 312)

Lügner folgt laut Reich-Ranicki nur lauter Mittelprächtiges. »Das Harmlose« sei fortan Beckers »eigentliches Element« gewesen. (*Frankfurter Allgemeine Zeitung*, 19. 9. 1992) Zu sehr wirkt die DDR auf manchen Rezensenten nicht wie ein politischer Raum, sondern wie ein austauschbares Bühnenbild mit »eingeklebten politischen Details« (*Neue Zürcher Zeitung*, 14. 8. 1992). Karl Corino liest den Roman gar als läppische »Widerstandsplauderei«, die ihr »Empörungssoll« (*Stuttgarter Zeitung*, 30. 9. 1992) erfüllt. Und Iris Radisch setzt noch einen drauf, als sie resümiert, Becker habe bei *Amanda herzlos* erstmals »die Grenze zur Unterhaltungsliteratur schmerzlos überschritten«. (*Die Zeit*, 7. 8. 1992) Martin Lüdke klingt in seiner Kritik für die *Frankfurter Rundschau* weniger aufgeregt und bringt vielleicht deswegen auf den Punkt, was den Roman ausmacht: Becker inszeniert mit *Amanda herzlos* seinen endgültigen Abschied von der DDR als Liebesroman, und zwar aus Gründen, die Monika Maron treffend beschrieben hat:

DDR als Bühnenbild?

> »Es mag frivol klingen, aber es ist die Wahrheit: Ich habe unter der Stasi weniger gelitten als unter Kellnern, Klempnern und Taxifahrern.« (Monika Maron in der *Frankfurter Rundschau* vom 26. September 1992)

Ende des Größenwahns
Frankfurt/M.: Suhrkamp, 1996

Den Abschluss der zu Lebzeiten Beckers publizierten Werke bilden 29 Aufsätze und Vorträge, die unter dem programmatischen Titel *Ende des Größenwahns* erscheinen. Dafür stellt Becker Texte aus dem Zeitraum von 1977 bis 1995 zusammen; fünf davon werden im Rahmen des Bandes erstmals veröffentlicht. *Ende des Größenwahns* veranschaulicht mit Schriften aus knapp zwei Jahrzehnten, wie Becker zunehmend seine Illusionen beispielsweise über eine bessere Zukunft, die Wirkung von Literatur oder die Verantwortung des Einzelnen fürs Allgemeine (und umgekehrt) wenn nicht verliert, so doch relativiert. Becker wirkt zwar zunehmend ernüchtert, trotzdem durchscheint all seine Beiträge eine mehr oder weniger starke Leidenschaft für das ›Projekt Aufklärung‹. Dazu passt

Verlust von Illusionen

sein Bild eines musterhaften Intellektuellen, der sich in öffentliche Angelegenheiten einzumischen hat. Das praktiziert Becker selbst in harscher Form bei seiner Stellungnahme zu Martin Walsers »Sehnsucht nach einem vereinten Deutschland« (Größenwahn, S. 78), die er polemisch *Gedächtnis verloren – Verstand verloren* überschreibt, oder in moderaterer Weise, wenn er 1990 über das Für und Wider einer *Wiedervereinigung der deutschen Literatur* nachdenkt.

Der Band versammelt eine Menge Gelegenheitsschriften, darunter eine Rezension, eine Bildbetrachtung, zahlreiche Notizen zur Welt- und Tagespolitik, Bemerkungen über das Handwerk des Schriftstellers, über Sport, seinen Freund Manfred Krug, über Gegenwartsliteratur und immer wieder Autobiographisches. Dieses buntscheckige Allerlei von Schriften betrachtet manch einer wie einen »Nachlaß zu Lebzeiten« (*Die Welt*, 8. 6. 1996), angemessener scheint jedoch Hanns-Josefs Ortheils Würdigung der unterschiedlichen Beiträge als Facetten einer »Selbstbiographie«. (*Neue Zürcher Zeitung*, 25. 7. 1996) Selbst in den kleinsten Beiträgen erkennt der Leser einen engagierten Zeitgenossen, der wohlfeile Etikettierungen meidet und seine Worte sorgsam wägt. »Er tut sich verdammt schwer mit den Theorien und Ideologien«, schreibt Ortheil, »er hat keine Antworten auf die schnellen politischen Fragen bereit, und er arbeitet nur schwerfällig und hörbar aufstöhnend mit den Begriffen.« Das zieht sich bis in einzelne Wendungen hinein, die auf die Vorläufigkeit der Gedanken des Essayisten Becker verweisen und den Leser in die Pflicht nehmen, selbst und weiter zu denken.

Was die einzelnen Beiträge darüber hinaus verbindet, ist Beckers Anspruch, den rückwärts gewandten Blick nie museal zu verstehen. Gedenken bedeutet für ihn vielmehr Arbeit an einer lebendigen Vergangenheit. Immer wieder stiftet Becker in seinen theoretischen wie in seinen literarischen Schriften den Bezug zur Gegenwart, so auch in seiner Rede zum fünfzigsten Jahrestag der Bücherverbrennung von 1933. Das Gedenken an ein historisches Ereignis sei laut Becker unnütz, »wenn man es betrachtet wie ein ausgestorbenes Insekt, das in Bernstein eingeschlossen ist«. (Größenwahn, S. 47) Und deswegen kommt Becker sofort auf Heutiges zu sprechen wie die Zensur in der DDR oder politische Einflussnahme auf kritische Fernsehformate im Westen.

Die meisten Beiträge durchzieht eine Lust am scharfsinnigen, zuspitzenden Argumentieren und Beckers Gabe, seinen Leser immer aufs Neue zu überraschen. Denn wer zum Beispiel einen Becker-Beitrag über die Olympischen Spiele in Seoul liest, mag sich auf abschätzige Bemerkungen zur »Hymnenpest« (Größenwahn, S. 74) gefasst machen, jedoch kaum auf alte Weisheiten über die Rolle des Künstlers in der Gesellschaft – »Alles, was Kunst ist, ist Störung« – oder solche zum Glück oder Pech des Kadavergehorsams von Soldaten.

> »Sie sind furchtbar abhängig von dem, was man ihnen befiehlt. Wenn man ihnen sagt, schießt auf die Leute, dann schießen sie auf die Leute, und wenn man ihnen sagt, kitzelt Babys, dann tun sie eben das.« (Jurek Becker, Größenwahn, S. 69)

Wo Becker gegen die Zeitläufte nicht mehr anzukommen glaubt, wiederholt er notfalls allgemeingültige Denkanstöße – »Eine Gesellschaft, deren Wohlergehen von der Courage ihrer Individuen abhängt, ist arm dran.« (Größenwahn, S. 165) – oder gießt statt Empörung beißende Ironie über die Verhältnisse aus, so als möchte er sagen: Ihr werdet schon sehen, was ihr von Eurer Liederlichkeit habt, aber ihr habt es schließlich nicht anders gewollt! Dementsprechend betrachtet es Becker als »eine gräßliche Niederlage des Sozialismus, daß 72 Jahre nach der Oktoberrevolution McDonald's in Moskau einziehen und Triumphe feiern wird.« (Größenwahn, S. 108) Solche Sätze belegen, wie allmählich das Realitätsprinzip bei Becker die Oberhand gewinnt. Das betrifft letztlich auch seine literarische Produktion, die mit *Amanda herzlos* endet. »Zu der Überzeugung zu finden, daß es ein trauriger Verlust wäre, wenn ich mich nicht an ein neues Buch setzte und versuchte, der und jener Geschichte auf den Grund zu gehen«, schreibt Becker, »fällt mir immer schwerer. Ja, ich bringe es kaum mehr fertig, was ich tue, auch nur für wichtig zu halten.« (Größenwahn, S. 152) Also lauter Trübsinn gegen Ende des Lebens? »Ich bin nicht resigniert«, sagt Becker dazu in einem seiner letzten Interviews. »Ich schätze nur meine Möglichkeiten, Einfluß zu nehmen, realistischer ein als früher. Ist es Resignation, wenn man aufhört, größenwahnsinnig zu sein?« (Größenwahn, S. 232 f.) Eine erweiterte Neuausgabe des Bandes gibt Beckers Witwe Christine 2007 unter dem Titel *Mein Vater, die Deutschen und ich* heraus.

Lieber Johnny
Berlin: Ullstein, 2004

127 Postkarten
Kinderliteratur
Beckers Kinder- und Jugendliteratur steht auf 127 Postkarten, die sein jüngster Sohn Jonathan erhält. Am 28. August 1992 bekommt der zweijährige Johnny aus Brasilien die erste Postkarte, am 15. Januar 1997 die letzte als Hauspost seines schwer kranken Vaters. Um diese letzte Karte seinem Sohn ordnungsgemäß zuzustellen, nutzt Becker Stempel und Marke von Johnnys Kinderpost. Der Weg zur nächsten Post strengt ihn zu sehr an, aber bis zum Briefkasten unten im Haus reichen die Kräfte, um seine Vater-Sohn-Botschaft einzuwerfen.

Becker reist viel herum und pflegt über die Karten den Kontakt zu seinem »lieben Johnny«. Als Sesam-öffne-dichs führen **»Du lieber Bratklops«** bereits die Anreden in fantastische Welten. »Du lieber Bratklops«, »Du alter Tintenklecks«, »Du altes Rumpelpumpel«, nennt Becker den Sohn, »Meine liebe Telefonklingel«, »Meine liebe Aprikosenwurst«, »Du olles Vorderrad«, »Du alte Handschelle« oder ganz schlicht »Mein lieber Lieber«. Becker feiert sprachschöpferisch den Sinn des Unsinns. Er verrückt die Wirklichkeit unmerklich und legt dadurch ihre absurde Seite offen, so auf einer Karte mit jungen Gänsen, die vor einer Eisenbahn fliehen: »Du alte Dampftute, kannst Du mir vielleicht sagen, was die Hühner mitten auf der Autobahn zu suchen haben? Was, das ist gar keine Autobahn, sondern ein Radweg? Und es sind gar keine Hühner, sondern Fledermäuse? Ich glaube, ich muß mir bald mal eine neue Brille kaufen.« (Lieber Johnny, S. 132) Becker befremdet seinen Sohn immer wieder mit solchen Fragen und setzt auf eine Mitmachpädagogik, die zum Widerspruch reizt und Verstand wie Zwerchfell kitzelt. Vater und Sohn kommen dadurch auch über Problemzonen ins Gespräch, so wenn Becker auf mancher Karte Johnny das gern verschmähte Obst und Gemüse schmackhaft machen möchte.

Mitmach-
pädagogik

Werk

Unglaubliche Alltagsgeschichten stehen neben komplett erfundenen, die Becker so erzählt, als habe er sie aus nächster Nähe erlebt. Dabei holt er große Geschichten in die kleine Johnny-Welt, beispielsweise bei Superhelden wie Batman und Robin, für die Beckers Sohn schwärmt. Eine Karte zeigt die Verbrecherjäger in einem futuristischen Boot, und Becker erzählt, sie hätten es eilig. Batman habe Hunger, und Robin müsse dringend zur Toilette. »Und danach wollen die beiden sich noch ein bißchen zum Mittagsschlaf aufs Ohr legen, denn heute ist nicht viel los mit den Verbrechern.« (Lieber Johnny, S. 140) Neben solchen Einzelkarten fällt ein literarischer Zyklus auf, der vom Bauern Sumsebum und der Maus Suse erzählt, in der sich Johnny unschwer wiedererkennen kann.

Beckers Karten sind auf mehreren Ebenen lesbar. Zunächst als private Nachricht an seinen Sohn; dafür sprechen geheime Codes wie »Baga«, »Bugu« und »Bigi« für »Mutter«, »Vater« und »Sohn«. Aber auch als Miniaturen, in denen Papa Becker und Johnny als literarische Figuren auftreten. Wie ernst Becker die Literatur auf A 6 nimmt, belegt seine akribische Ar-

Literatur auf A 6

»Du alter Seeräuber« – Beckers Kinder- und Jugendliteratur steht auf 127 Postkarten, die allesamt sein Sohn Johnny erhält. Motive der Karten und Geschriebenes stimmt Becker fein aufeinander ab.

beit an den Karten. Er schreibt sie – wie seine literarischen Werke – in Schulheften vor und sammelt dort auch die verschiedenen Anreden, die er nach Gebrauch ausstreicht. Becker legt zudem Wert darauf, dass seine Frau die Karten an Johnny in einem Album archiviert, nachdem sie sein Sohn gesehen und vorgelesen bekommen hat. Und mitunter trägt Becker Freunden, die zu Besuch sind, wie bei einer kleinen Dichterlesung ausgewählte Kartentexte vor.

Zu Beckers Postkartomanie gehört, dass jeder Adressat eine passende Karte bekommt. In seinem Schreibtisch verwahrt Becker deswegen drei beschriftete Papiertüten mit Postkarten, die er bereits für »Johnny«, seine Frau »Christine« und »Freunde« ausgesucht hat. (Lieber Johnny, S. 25) Viele Karten an Johnny zeigen dessen liebste Motive wie Elefanten und andere Tiere, jede Menge Fahrzeuge, Filmhelden, aber auch Comics und farbenfrohe Werke der bildenden Kunst. Der Nachlassband bildet die Vorder- und Rückseiten der Karten inklusive Umschrift der Beckertexte ab. Beckers letzte Postkarte an Johnny lässt sich wie ein Vermächtnis und als Gleichnis übers Schreiben in modernen Zeiten lesen:

> »Du alter Wackelpudding, hast Du eigentlich gewußt, daß es die Eisenbahn schon viel länger gibt als das Auto? Und das Auto länger als das Flugzeug? Und das Flugzeug länger als die Weltraumrakete? Länger als alle Autos gibt es aber die Schuhe. Mit denen kommt man einfach überall hin, Hauptsache man hat genug Zeit. Dein Papi« (Jurek Beckers letzte Postkarte an seinen Sohn Jonathan am 15. Januar 1997; Lieber Johnny, S. 169)

Wirkung

Becker gehört zu den kulturellen Leitfiguren der Nachkriegszeit, die den Übergang von einem geteilten zu einem wieder-
vereinten Deutschland verkörpern. Diesen Prozess erleben
seine Leser aus der Sicht eines Künstlers, der sich als Sozialist
bekennt und von dieser Warte aus die politischen Systeme
im Osten und Westen betrachtet. Loyalität mit dem Osten
bedeutet für ihn keineswegs, das gehorsame Landeskind zu
spielen. Ganz im Gegenteil. Bei seinem Engagement beispielsweise für die DDR-Kritiker Reiner Kunze und Wolf
Biermann kehrt er das Enfant terrible heraus und überschrei-
tet für Freiheit und Gerechtigkeit die Schmerzgrenzen der
DDR. Wer Beckers Interviews, Reden, Aufsätze und Briefe
studiert, zweifelt keinen Moment daran, einem politischen
Menschen zu begegnen. Aber nur zu gut weiß dieser Mensch
bei allem Feuereifer, dass Worte allein nicht die Welt bewegen. Sein zeitgenössisches *Wirken* steht folglich außer Frage
– wie aber sehen die langfristigen *Wirkungen* Jurek Beckers
aus? Die des Romanciers, Essayisten, politischen Kommenta-
tors oder Schreiblehrers? Flammte er wild auf und verging wie
ein Strohfeuer? Oder überstrahlen seine Werke jedwede Gegenwart wie ein Leuchtturm, der Wege in die Vergangenheit
erhellt und Pfade in die Zukunft weist? Wo also liegt Beckers
Wert für heute und morgen?

Enfant terrible

Was bleibet aber, stiften die Nachrufe

Der Nachwelt bleiben von einem Schriftsteller vor allem seine
Werke im Gedächtnis, falls sich diese Nachwelt dafür stark
macht. Von selbst rutscht kein Autor in den literarischen Kanon, von selbst entstehen keine Werkausgaben oder öffentlichen Diskussionen, die sein Schaffen lebendig halten. Er
wird weder zwangsläufig an Schulen und Hochschulen, ge-
schweige denn in privaten Haushalten gelesen, wenn sein
Werk nicht über die Zeit seiner Entstehung hinausweist,
gleichsam ein Zukunftsgen in sich trägt.
Bei der breiten und facettenreichen Rezeption Beckers scheint
kaum zu befürchten, dass aus ihm in den nächsten Jahr-

> »*Sunt lacrimae rerum*... Tränen sind in allen Dingen ... Vergils Äneas sagt diese Worte, als er in Didos Palast Wandbilder vom Untergang Trojas entdeckt und sieht, wie die Helden im Kampf fallen und der wehrlose Priamus erschlagen wird. Die Erde weint. Die Erde weint auch über die Opfer des deutschen Wütens. Mahnmale und Museen ehren sie und die Kultur, die unterging, als sie umgebracht wurden. Aber am Ende finden die überall gegenwärtige Totenklage und die Trauer um die Opfer ihre klarste Stimme in einer Handvoll von Werken der großen Literatur, den Büchern von Primo Levi, Tadeusz Borowski, Paul Celan und wenigen anderen; *Jakob der Lügner* gehört dazu.«
> (Louis Begley in seinem Nachwort der Neuausgabe von *Jakob der Lügner*; Begley, S. 301 f.)

zehnten ein Museumsschriftsteller wird, den nur noch Literarhistoriker abstauben. Seinem Werk wohnt das Heute inne, geerdet durch lauter Motive des Alltäglichen. Darüber hinaus fällt es schwer, ihn für literarische Richtungen oder gar eine Ost- oder Westliteratur zu buchen – wozu auch? Er changiert zwischen den Systemen und seine Werke lassen sich nicht auf einen Nenner bringen. Sie tragen Züge engagierter Literatur wie *Schlaflose Tage* oder auch solche einer ›Neuen Subjektivität‹ wie *Aller Welt Freund*. Wer etikettieren möchte, etikettiert schnell falsch, und er tut gut daran, einen Aufkleber zu wählen, der dem Einzigartigen der Werke gerecht wird. Und dieses Etikett heißt trivial wie unvergleichlich *Jurek Becker*. Gut zehn Jahre nach Beckers Tod lassen sich erste Thesen aufstellen, welche Teile des Gesamtwerks überdauern könnten.

Selten lässt sich öffentlich verfolgen, wie Werke ins allgemeine Gedächtnis gelangen oder wieder aus ihm verschwinden. Bei Nachrufen ist das anders, da die Medien in der Pflicht stehen, beim Tod eines angesehenen Schriftstellers sein Werk zu würdigen – oder auch beredt zu schweigen. Ein Blick auf die Artikel der Zeit nach dem 14. März 1997, dem Todestag Beckers, erlaubt Hinweise darauf, welche Weichen der Rezeption für Beckers Nachleben gestellt wurden.

Weichen der Rezeption

Landauf, landab spielt Beckers Tod in großen und kleinen Zeitungen und Zeitschriften eine Rolle. Das Spektrum der

Beiträge reicht von traditionellen Nachrufen, die mit gebotenem Ernst lauter Gutes über den Verblichenen und sein Werk berichten, bis zu anekdotischen Texten von Weggefährten Beckers, die den Leser mit lebenspralls Buntem vergnügen. Wenige Zeilen umfassende Notizen in der lokalen Presse stehen dabei neben Würdigungen in den führenden überregionalen Blättern, die mitunter eine ganze Seite füllen.

Zwei Stimmen seien anfangs zitiert, die für Beckers Nachwirken charakteristisch sind. Die eine stammt von dem Schriftsteller Peter Schneider, der die beiden Pole von Beckers zeitgenössischer Wahrnehmung beschreibt. »Bei der Literaturkritik hatte er es nicht leicht«, schreibt Schneider. »Seine Texte wurden, sofern sie vom Holocaust und den Folgen handelten, zu rasch heilig gesprochen, die vielen anderen, die sich dem überwältigenden Thema nicht zuordnen ließen, nicht selten mit Befremden und gereizter Enttäuschung aufgenommen.« (*Berliner Zeitung*, 30.9.1997) So fällt ein gesellschaftskritischer Roman wie *Schlaflose Tage*, der durch wenige beispielhafte Figuren ein Zeitbild der DDR zeichnet, wohl durchs Raster, zumal selbst ein so umfangreiches Nachschlagewerk wie *Kindlers Literatur-Lexikon* in der Neubearbeitung Heinz Ludwig Arnolds lediglich die Holocaust-Trilogie Beckers aufnimmt.

Die zweite Stimme stammt von Wolf Biermann, der Becker wenige Stunden nach dessen Tod auf seine ganz eigene Art gleichzeitig in den Himmel lobt und in der Erde verwurzelt.

> »Jurek Becker tot – das ist bitter. Von ihm gibt es zumindest einen Roman, der Weltliteratur ist. Das Buch ›Jakob der Lügner‹. Das ist sehr viel. Gott hat auch nur ein Buch geschrieben.« (Wolf Biermann zum Tod Jurek Beckers im *Tagesspiegel* vom 16. März 1997)

Was er hervorhebt, ist alles andere als originell, *wie* er jedoch aus einem Menschenwort ein weltliches Wunderding zaubert, ist einzigartig gemessen an den Hymnen auf den Autor. Obwohl Biermann selbst den Blick auf Beckers Debüt lenkt, wettert er fünf Jahre später gegen die »literarischen Fleischbeschauer«, die »ihren Gütestempel nur auf diesen Geniestreich stempeln und dann alle anderen Becker-Romane als zweitklassig einstufen«. (zit. n. Kiwus, S. 163) Zumindest *Bronsteins Kinder* versucht Biermann noch durch ein ähnliches Gütesiegel für die Nachwelt zu retten.

Schneider und Biermann machen sichtbar, wie Becker allgemein wahrgenommen wird: mit viel und vehementem Lob, das wenige Teile des Werks achtsam dreht und wendet. Details aus Zeitungstexten ergänzen das Bild, das die Nachwelt zum Todeszeitpunkt von Becker entwirft. Als Becker stirbt, stehen noch einige Folgen seiner beliebten Anwaltsserie aus. Deshalb titelt die *Saarbrücker Zeitung* am 15./16. März 1997 »Der aufrichtigste aller Lügner ist tot« und erwähnt in der Zeile darunter den »Erfinder von ›Liebling Kreuzberg‹«. Vor allem wegen der aktuellen Präsenz im Fernsehen rückt Beckers Serie an die Seite von *Jakob der Lügner*, so als ob ein Rahmen zwischen den Anfängen des Autors und seinen letzten Arbeiten gestiftet werden müßte. Ganz auf dieser Linie liegt ein Porträt Frauke Meyer-Gosaus in der *tageszeitung* vom 17. März 1997, das Becker in all seinem ernsten Witz aufleben läßt, während sie gleichzeitig salopp fragt: »Soll man so einen in den Dichter-Olymp aufnehmen oder zu den Handwerkern zählen?« Die *Frankfurter Allgemeine Zeitung* bescheinigt Becker »Unbestechlichkeit und Menschennähe« und adelt sein Debüt als »europäischen Gegenwartsklassiker« und »Welterfolg«. Das Lob schließt dabei den Unterhaltungsbecker mit ein, denn *Liebling Kreuzberg* sei »die wohl gescheiteste Fernsehserie der letzten Jahrzehnte«. (*Frankfurter Allgemeine Zeitung*, 17. 3. 1997)

Ganzseitig und mit zwei Fotos erinnert der *Freitag* am 21. März 1997 an Becker als »Apologet des Normalen«. Der Leser sieht ihn seine Späße in einer selten kolportierten Anekdote treiben, die auf dem DDR-Schriftstellerkongreß von 1973 spielt. Dort streitet sich Becker mit Erik Neutsch darüber, wie die Arbeiterklasse optimal für ihre künftigen Aufgaben zu fördern sei. Laut Becker solle sie »Reisefreiheit erhalten und nach Mallorca fahren dürfen, um sich dort für ihre historische Mission genügend zu erholen«. Mit dem Tod Beckers starten Ver-

Reif für den
»Dichter-
Olymp«?

suche, Reliquien solcher Art auszustellen, die dem Verstorbenen und seiner Poetik würdig sind. Die Anekdoten, die anlässlich des Todes erzählt werden, heben Beckers literarischen Stil hervor, Ernstes heiter zu erzählen. So macht es auch die *Süddeutsche Zeitung,* die am 17. März 1997 in gleich zwei Artikeln Beckers gedenkt. Der eine ehrt ihn als »Wortprüfer«, der andere handelt von »Jakob und Liebling Kreuzberg« und dreht sich unter anderem um den sportbegeisterten Becker.

> »Nie wollte sich Jurek Becker verabreden, ohne vorher die Sendetermine für Sportveranstaltungen überprüft zu haben. Längere Veranstaltungen entzogen ihn jeglichem menschlichen Kontakten. Selbst das Telephon wurde eingehängt, notfalls, wie während Olympischer Spiele, vierzehn Tage und Nächte hintereinander. Und verkabeln ließ er sich nur, um in Kreuzberg Football oder gar die Baseball World Series nicht zu verpassen.« (Wolfgang Menge in der *Süddeutschen Zeitung* vom 17. März 1997)

Natürlich kommt die Biographie Beckers in den Nachrufen ausführlich zur Sprache: seine jüdische Herkunft, seine Anfänge als »Kind des Ghettos« (*Allgemeine Jüdische Wochenzeitung,* 20.3.1997), der Schriftsteller und Drehbuchautor und immer wieder auch der politisch rege Becker, der sich couragiert für Kunze und Biermann einsetzt und gleichermaßen als »sensibler Chronist« und »unbequemer Zeitgenosse« (*Wiesbadener Kurier,* 15./16.3.1997) gilt. Man merkt den Artikeln insgesamt an, dass dieser mitunter raubeinige Autor nicht zuletzt durch seine literarischen Stoffe ein Sympathieträger geworden ist. In dieser Hinsicht würdigt so mancher Artikel neben dem *Schriftsteller* den *Menschen* Becker. Geschätzt wird seine »Lauterkeit« (*Die Zeit,* 21.3.1997), er zeichne sich durch seine »Töne des Menschlichen« (*Stuttgarter Zeitung,* 17.3.1997) und – als Wandler zwischen Ost und West – durch eine geradezu »heimatlose Menschlichkeit« (*Die Welt,* 15.3.1997) aus. »Witz und Wärme!« steht über Stefan Heyms Gedenkrede, mit der er das verstorbene Mitglied der Akademie der Künste einfühlsam würdigt – als »Meister der Sprache« und als »führenden

Sympathisches Raubein

Schriftsteller erst der DDR und dann ganz Deutschlands«. (*Freitag*, 31.10.1997) Solches Lob erhalten Autoren nicht gratis, und schon gar nicht so überlebensgroße Ehren, wie sie im *Börsenblatt* vom 21. März 1997 zu finden sind. »Wortwiderstand« prangt dort in großen Lettern über dem Nachruf. Zusätzlich erinnern an Becker ein ganzseitiges Foto und eine ganzseitige Anzeige, auf der schlicht neben Namen und Lebensdaten steht: »Wir trauern um den Autor, den wir liebten«.

Wie im *Börsenblatt* werden die Artikel häufig durch ein Foto ergänzt, das neben der Anschaulichkeit auf den Rang des Verstorbenen im öffentlichen Bewusstsein hinweist. Die Fotografien stammen vor allem aus den neunziger Jahren und geben nahezu denselben Becker-Typus wieder: den eines melancholisch blickenden Schriftstellers. Die meisten Redaktionen lassen den Autor – wohl nicht zuletzt wegen des traurigen Anlasses – ernst abtreten, obwohl so manches Foto von ihm existiert, das den lebensfrohen Becker ahnen lässt, der im lakonischen, selbstironischen Ton seiner Werke durchscheint.

Markenzeichen Melancholie

Zum 65. Geburtstag Beckers machen die Übersetzung von Sander L. Gilmans Becker-Biographie und ein Band mit neuem Material aus dem Becker-Archiv erneut auf den Autor aufmerksam. Gilman gebührt das Verdienst, die erste größere Biographie zu Becker vorgelegt zu haben, jedoch eine, die Becker – gegen das Selbstverständnis des Autors – aufs Jüdische festlegen möchte. Gilman schmerze »Beckers zähes Bemühen um Distanzierung von seiner Herkunft«, schreibt Heinrich Detering, »und ebenso spürbar erleichtert ihn jedes Signal für eine doch auf das Judentum gerichtete Neugier.« (*Frankfurter Allgemeine Zeitung*, 3.7.2003) Weitere Rezensionen der Biographie bestätigen den Stellenwert Beckers, wirken stilistisch aber so wie Verlagswerbung. »Vor fünf Jahren starb mit Jurek Becker einer der zweifellos bedeutendsten Schriftsteller der Nachkriegszeit«, lautet der erste Satz in der *Saarbrücker Zeitung* vom 14./15. August 2003, im *General-Anzeiger* vom 15./16. Februar 2003 heißt es ähnlich: »Als Jurek Becker im Frühjahr 1997 starb, verlor die deutschsprachige Literatur einen ihrer bedeutendsten Autoren.«

Wirkung

Selbst Marcel Reich-Ranicki, zu dem Becker nach seinen
Verrissen von *Amanda herzlos* keinen Kontakt mehr pflegt,
kommt an diesem Autor nicht vorbei. Vier Jahre nach Beckers
Tod wirbt er im *Spiegel* für seinen Kanon deutschsprachiger
Literatur und zeigt sich auf Nachfrage seiner Gesprächspart-
ner notgedrungen gnädig: »Jurek Becker? Nein, seine inzwischen schon vergessenen Romane haben im Kanon nichts zu
suchen. Aber *Jakob der Lügner*? Jawohl, Recht haben
Sie, ich gebe nach und nehme das Buch in meinen Kanon auf.« (*Der Spiegel*, 18. 6. 2001)

Bei allem Lob, das die Nachrufe über Becker so flä-
chendeckend ausschütten, fällt umso deutlicher auf,
dass dieser Autor keinen der bedeutenderen Literaturpreise bekommen hat. Wäre er kein würdiger Büchner-
Preisträger gewesen? Mit Büchner, Preisgeld und eh-
renvollen Reden getröstet zu werden, hätte Becker
nicht geschadet, gewiss. Aber der Nicht-Preis verhindert umgekehrt jegliche Spekulation, Becker sei lediglich einer, der für seinen Gang in den Westen wie die
Büchner-Preisträger Biermann und Kunze ›entschädigt‹

wurde. Den größten Preis hat Becker sich ohnehin
selbst mit seinem Debüt verliehen, das ihm den weiteren Weg als Schriftsteller geebnet hat. Und in der
letzten Schaffensperiode – gleichsam als Publikums-
preis – mit dem immens erfolgreichen Format *Liebling
Kreuzberg*.

Neben die literarischen Rückblicke in den Medien sei-
en noch ein paar ›harte Fakten‹ der Becker-Rezeption
gesetzt. In Beckers Todesjahr verzeichnet Nicolai Rie-
dels Jurek-Becker-Bibliographie (Heidelberger-Leonard,
S. 349-387) fast 600 Einträge. Weit über 400 entfallen
davon auf die Literatur über Jurek Becker, rund 50 lis-
ten die Übersetzungen auf, von denen *Jakob der Lügner*
mit 15 die einsame Spitze markiert. Zehn Jahre später
sind neun weitere fremdsprachige Ausgaben hinzuge-

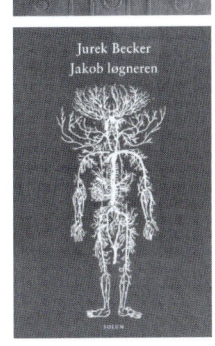

**Welterfolg mit dem Debütroman – Cover der russischen, bra-
silianischen und norwegischen Ausgabe von *Jakob der Lügner***

kommen, ist *Jakob der Lügner* u. a. ins Slowenische, Türkische, Chinesische und Katalanische übertragen worden.

Materialien für Schule und Hochschule zu Beckers Werken unterstreichen die besondere Rolle von *Jakob der Lügner*. Fast alle einschlägigen Publikationen beziehen sich auf diesen Roman, einige wenige entfallen auf *Bronsteins Kinder*. Das bestätigt auch die Tatsache, dass *Jakob der Lügner* in die *ZEIT-Schülerbibliothek* und Hellmuth Karaseks literarische Reihe *lesensWert* im Bertelsmanns Buchclub aufgenommen wurde sowie *Bronsteins Kinder* zum Kanon der *SZ Bibliothek* gehört.

Im Ost-West-Spagat – der öffentliche Becker

Sein Romanerfolg *Jakob der Lügner* schafft Jurek Becker eine Plattform, auf der er einem größeren Publikum seine Ansichten zu Kultur, Politik und Gesellschaft vorstellen kann. Knapp drei Jahrzehnte meldet sich Becker darauf zu Themen des Tages zu Wort. Nicht immer zur Freude der SED-Funktionäre verbreitet er vor allem in westlichen Medien, was ihm hüben und drüben nicht passt. Als Schriftsteller von Rang ist Becker geschützt und kann politisch in einem weiten Sinne wirken. Dabei lassen sich zeitlich drei Phasen des engagierten Becker unterscheiden: Gibt sich der Ost-Becker in der ersten Phase als überzeugter Sozialist, der sich zur DDR bis Mitte der siebziger Jahre loyal verhält, so schwindet seit der Biermann-Affäre zunehmend sein Urvertrauen, der Osten könne den Traum von einem besseren Leben menschenmöglich machen. In der zweiten Phase ab Dezember 1977, seit seinem dauerhaften ›Urlaub‹ von der DDR, redet und schreibt Becker gleichsam im Ost-West-Spagat. Je länger er jedoch aus der DDR heraus ist, umso entspannter geraten seine Interviews und politischen Beiträge. Nach 1989, in Phase drei, wird Becker nochmals abgeklärter, zumal die alte Grenze zwischen Ost und West verschwindet. Einige Beispiele aus seinem nichtliterarischen Werk zeigen, was Becker über die Jahre bewegt und wie er sich im Laufe der Zeit verändert.

Mitte der siebziger Jahre weiß Becker zweifelsfrei, wie es um das Verhältnis von Ost- und Westdeutschland steht. Für ihn ist die Bundesrepublik Ausland, und es scheint ihm ausge-

Phasen des Engagements

BRD = Ausland

schlossen, dort zu arbeiten. Dazu passt, was Becker von einem Schriftsteller erwartet. Er habe keine »schönen Formulierungen an den Mann zu bringen, sondern gesellschaftlich relevant zu sein«. (*Deutsche Zeitung,* 15. 3. 1974) Bei allem ästhetischen Mehrwert eines Thomas Bernhard schätze er deswegen in puncto Wirksamkeit die Reportagebücher eines Günter Wallraff höher ein. Becker tritt, vor allem in Interviews, sehr nachdrücklich auf und legt großen Wert auf Pointen und Merksätze, die einen Schriftsteller im Rampenlicht noch überzeugender wirken lassen: »Meine Motive fürs Schreiben sind, Leuten, die ich für meine Freunde halte, helfen zu wollen, Leuten, die ich für meine Feinde halte, schaden zu wollen.« (Lübbe, S. 525) Der öffentliche Becker sortiert strenger und dogmatischer, als es sich der Schriftsteller Becker erlauben würde. So argumentiert Becker ostlinientreu gegen das ›Gesamtdeutsche‹ und für die Selbstständigkeit der beiden deutschen Staaten. »Ich glaube, das Verhältnis zwischen unseren Ländern, und damit zwischen uns beiden«, sagt er in einem Gespräch, »wird dann erst normal, wenn Sie mit mir wie etwa mit einem Italiener reden können.« Zudem glaubt Becker, die DDR sei der bessere Standort für einen engagierten Schriftsteller, denn »in der Bundesrepublik können Sie sich einen Wolf schreiben. Es verändert nichts.« (*tz München*, 8. 10. 1976) In den ersten Jahren weigert sich Becker, die westliche Presse als Sprachrohr zu nutzen und antwortet einem Interviewer wie folgt: »Sie wollen jetzt einen Katalog von Dingen, die ich in der DDR für nicht akzeptabel halte, dafür scheint mir eine bundesdeutsche Zeitung nicht die geeignete Tribüne.« (*Frankfurter Rundschau*, 23. 11. 1976)

Becker protestiert gegen die Ausbürgerung Biermanns, und das lädt seine Medienauftritte noch stärker auf. Einen Wendepunkt in Beckers öffentlichem Verhältnis zur DDR markiert am 18. Juli 1977 sein Gespräch mit dem *Spiegel,* das von den Nachwirkungen der Biermann-Affäre zeugt, die ihm Ende 1976 den Ausschluss aus der SED einbringt. Eine »falsch verstandene Solidarität« mit der DDR sei nun nicht mehr angebracht, da er die staatlichen Repressionen gegenüber den protestierenden Künstlern nicht schönreden möchte: »Nur

Wendepunkt

weil ich der oder jener mal mein Ja-Wort gegeben habe, kann ich doch nicht ewig ihre Fehler übersehen. Den Mund zu halten setzt die Überzeugung voraus, daß die Partei im Grunde auch das will, was ich will. Und diese Überzeugung ist ziemlich ins Wanken geraten.« Zu den meistzitierten Sätzen des Interviews gehört jener, der sich auf die ungewisse Publikation von Beckers Roman *Schlaflose Tage* im Osten und seinen Wunsch bezieht, weiterhin DDR-Bürger zu bleiben: »Wenn es […] darum geht, den Mund zu halten, dann halte ich den Mund lieber auf den Bahamas.« Bei aller Polemik weiß Becker sehr wohl zwischen dem zu unterscheiden, was öffentliche Reden bewegen, und dem, was Kunst vermag. »Richtig ist, daß bei einigen Vorgängen der letzten Zeit Schriftsteller sich sowohl in der Bundesrepublik wie auch in der DDR recht heftig in Tagespolitik eingemischt haben«, sagt Becker kurz vor seiner Abreise in die USA. »Das ist nicht ganz folgenlos geblieben, aber man darf das nicht mit Wirkung von Literatur verwechseln.« Wenn Becker von Literatur redet, meint er generell eine, die sich an der Gesellschaft reibt. Für Schriftsteller sei »ein Zustand, in dem die Übereinstimmung bis ans Lebensende sozusagen schriftlich garantiert ist, […] nicht eben fruchtbar«. (*Der Abend*, 13.2.1978)

Becker liefert im Laufe der Jahre nicht nur politische Stichworte, wenn er zum Beispiel »über den Kulturverfall in unserer Zeit« (*Die Zeit*, 13.5.1983) oder »das Autoritätsgehabe der SED-Führung« (*Der Spiegel*, 8.2.1988) schreibt, sondern

Kuschelige Home Stories er wird durch seine Arbeit für die Fernsehunterhaltung attraktiver für journalistische Porträts und Home Stories, die stärker den ›Menschen‹ Becker ins Blickfeld rücken. In dieser zweiten Phase verliert Becker das Image eines widerborstigen Systemkritikers und erscheint als sympathischer Ideengeber einer erfolgreichen Anwaltsserie. Entsprechend vielsagend und kuschelig heißt Becker im großen *Brigitte*-Porträt »Der Liebling von Kreuzberg«. (1988/Heft 9)

Je länger Becker im Westen weilt, umso moderater fallen seine öffentlichen Auftritte aus. Mehr wie ein Bonmot als ein politisches Statement klingt, was Becker kurz vor der Bundestagswahl 1987 zu sagen hat: »Wenn aber Wahlen zu grundlegenden Veränderungen führen könnten, würde es wahrscheinlich gar keine geben.« (*die tageszeitung*, 16. 1. 1987) Becker gehört wie selbstverständlich zum Literaturbetrieb und ist ein gern gelesener Interviewpartner, dessen bildhafte, pointierte Wendungen jeden journalistischen Beitrag glänzen lassen. So auch bei einer Umfrage unter sieben Schriftstellern, die die DDR verlassen haben. Auf die Frage, was ihn am Westen am angenehmsten überrascht hat, antwortet Becker mit einem Erlebnis während einer Bahnreise ins Ausland: »In eine Lektüre vertieft, verfolgte ich nicht den Weg und blickte erst aus dem Fenster, als der Zug schon tief in der Schweiz war. Da niemand mich auf das Grenzüberfahren aufmerksam gemacht hatte, hatte ich es nicht wahrgenommen. Eine solche Art, mit einer Grenze umzugehen, war für mich eine unerhörte Begebenheit«. (*Frankfurter Allgemeine Zeitung*, 18. 10. 1980)

Grenzerfahrung

Zu seinen Spezialthemen – Erinnern und Vergessen; Ost und West; Krieg und Holocaust – wird Becker immer wieder befragt. So spricht er kurz vor der Wende über »politische Tendenzen in Deutschland« (*Allgemeine Jüdische Wochenzeitung*, 15. 9. 1989) und »über die DDR, die Partei, die Fluchten und die Schwierigkeiten der Opposition«. (Mein Vater, S. 165) Becker beschäftigt sich literarisch wie publizistisch pausenlos mit dem Land jenseits der Mauer, aber seine Verbindung zur DDR wird immer loser.

> »Mein Visum gilt inzwischen seit zwölf Jahren. Im Grunde ist das eine Absurdität, denn Visa sind ursprünglich ja als Erleichterung für eine Reise gedacht, nicht als Grundlage für eine Existenz. Mein Dauervisum vernebelt eine Scheidung. Man will nicht offen zeigen, daß eine Beziehung zu Ende ist, daß man nichts mehr miteinander zu schaffen hat.« (Jurek Becker in einem Interview der *taz* vom 25. September 1989)

Becker weiß bei aller Freundschaft keinen Rat mehr für seine DDR und findet für die Parteispitze harsche Worte: »Wohin führt es denn, immer wieder den Psychiater zu spielen, das verhaltensgestörte Politbüro auf die Couch zu legen und immer wieder nach den Motiven für sein seltsames Tun zu forschen?« (Mein Vater, S. 176 f.) Auf diese Weise wirkt auch Becker publizistisch daran mit, dass es mit der DDR zu Ende geht. Wie er die massiven Probleme im Osten Deutschlands in den späten achtziger Jahren einschätzt, ist unmissverständlich: »Die Legitimationskrise speist sich vor allem daraus, daß seit nunmehr 40 Jahren ein Land gegen die Wünsche der überwiegenden Mehrheit seiner Bevölkerung regiert wird. Wenn eine Regierung mit der Bevölkerung im großen und ganzen übereinstimmt, gibt es keine Legitimationskrise.« (Mein Vater, S. 167) Kurz vor dem Ende der DDR liefert Beckers *taz*-Interview eine ausführliche Diagnose, woran es in der DDR krankt. Ein Grundfehler der DDR sei gewesen, Kritik nur durch westliche Medien ins Land gelangen zu lassen. »Das bedeutet, sich eine Opposition zu leisten, die nur gehässig, hämisch, unbeteiligt ist, die sich nur über Niederlagen freut und Erfolge verleugnet«, sagt Becker. »Die Opposition, die man selber hätte haben können, wäre ja eine gewesen, die es besser machen will.« (Mein Vater, S. 169) Becker sympathisiert trotz aller Kritik mit der DDR, so wie jemand, der ein Land der Verheißung in weiter Ferne erblickt und beim Näherkommen bemerkt, wie wenig es dem Ideal entspricht. Der Osten bleibt für Becker die Utopie, der Westen die praktische Alternative. »Ich fühle mich in West-Berlin zu Hause, kein anderer Ort ist mir zur Zeit näher und vertrauter«, sagt Becker. »Wahrscheinlich fühlt man sich dort am ehesten heimisch, wo seine Widersprüche ernst genommen werden.« In der DDR störte Becker letztlich, sich von einem Schriftsteller zu einer »Widerspruchsmaschine« entwickelt zu haben. (Mein Vater, S. 170 f.)

Selbst kurz vor dem Mauerfall votiert Becker keinesfalls für ein geeintes Deutschland, sondern er möchte durch seine Interviews und Kommentare an besseren gesellschaftlichen Verhältnissen in der DDR mitwirken. Als nach der Wende die politische Front zwischen Ost und West offiziell nicht mehr besteht, bemüht sich Becker weiterhin, die Mauer in den Köpfen durch provokante Statements einzureißen. Zum Beispiel mit einem Denkmodell, das einen anderen Ausgang des Zweiten Weltkriegs vorsieht, bei dem die Westalliierten den Norden und die Sowjets den Süden Deutschlands besetzen: »Glaubt jemand ernsthaft, die Stasi Bayerns hätte dann weniger effektiv gearbeitet als die, deren Akten wir gerade so gründlich durchforsten? Oder daß die Schwaben gegen den Bau der Mauer einen Generalstreik angezettelt hätten? Oder daß die Franken 1968 zu Deserteuren geworden wären, um nicht in Prag einmarschieren zu müssen?« (*Der Spiegel*, 6. 9. 1993)

In der letzten Phase seines öffentlichen Wirkens, die grob nach dem Mauerfall zu datieren ist, resigniert Becker zwar nicht, aber er schätzt seine Knabenblütenträume nüchterner ein: »Als ich ein junger Mann war, kam es mir selbstverständlich vor, daß die Zukunft ein erfreulicher Zustand sein würde. Von dieser Zuversicht ist tatsächlich nichts übriggeblieben.«   Ernüchterung (*Frankfurter Rundschau*, 28. 8. 1995) Über Jahrzehnte widmet sich Becker dem Thema Ost – West, ohne letzte Antworten liefern zu können. Das ändert sich auch nicht, als aus den zwei Deutschlands eines wird. Ob seine Zugehörigkeit zu diesem neuen Deutschland gewachsen ist, weiß Becker bis zum Schluss nicht. Er bleibt einer, der nach seinem idealen Lebensort sucht: »Es gibt einen guten Indikator fürs Weinen, da laufen einem Tränen aus den Augen. Aber was ist der Indikator für Zugehörigkeit? Vielleicht fühle ich mich zugehörig und weiß es nur nicht …« (*Frankfurter Rundschau*, 28. 8. 1995)

Wozu das Schreiben taugt – vom Handwerk

Stellen wir uns den Roman- und Drehbuchautor Jurek Becker einmal als Schreiblehrer vor. Seine einschlägigen Gastdozenturen an deutschen und amerikanischen Universitäten zeigen, wie wichtig ihm literarisches Handwerk und seine Wirkung auf den Leser sind. Gleich eine ganze Vorlesungsreihe widmet er deswegen seiner *Warnung vor dem Schriftsteller*. Auch das literarische Werk Beckers ist voller Hinweise, die in diese Richtung zielen. Die kleine Erzählung *Gäste* zum Beispiel handelt explizit von den Problemen des Schreibens, des Erfindens, Abwägens, Verwerfens. Was Becker durchs Schreiben an Handwerk erwirbt, behält er nicht für sich. Er denkt dabei an jene speziellen Menschen, die fürs Bücherschreiben leben. Er möchte ihnen literarische Umwege ersparen und Kniffe verraten, wie eigene Vorhaben handwerklich besser anzupacken, wie Texte optimal zu überarbeiten wären.

Unter Studenten:
Becker fühlt sich
wohl in den USA

Wie folgenreich Jurek Becker als Schreiblehrer gewirkt haben mag, ist schwer nachvollziehbar. Außer Zweifel steht jedoch, was ihm die Webart eines Textes bedeutet. In seiner Dankrede für den Hans-Fallada-Preis widmet Becker sich ausdrücklich dem Machen von Literatur. Er hält »Selbstüberschätzung für ein unverzichtbares Handwerkszeug der Schriftsteller«, den Glauben oder Größenwahn, die Welt könne ohne seine Bücher nicht leben. (Mein Vater, S. 216) Dafür muss der Autor eine angemessene ästhetische Form finden, so dass sein Buch nicht lediglich einen Vorwand für eine ›Moral von der Geschicht‹ abgibt, die mit ein paar Thesen wesentlich griffiger mitzuteilen wäre. Aus Beckers Sicht sollten Bücher für einen Autor deshalb »nicht der Dampfer sein, auf dem er Ansichten über den Fluß zum Leser transportiert«. (*Spiegel Spezial* 3/1992) In *Irreführung der Behörden* bewegt sich Gregor Bienek ganz auf dieser Linie, wenn er sagt: »Ich finde es klippschulhaft, nach jeder einzelnen Geschichte zu fragen – wo bleibt die praktische Nutzanwendung?« (Irreführung, S. 149) Denn ein Roman ist mehr als die Summe der Botschaften, die ein wirkungsbedachter Autor seinem Publikum unterjubeln möchte. Er lebt von den – für den Autor unberechenbaren

– Beziehungen seiner Figuren in der literarischen Welt und ihrem Dasein in den Köpfen und Herzen der Leser. Deshalb hatte Becker so massive Probleme mit seinem Roman *Schlaflose Tage,* der ihm tendenziell zu einem Botschaftstext geraten war.

Wer nach Nebenwirkungen des Schriftstellers Becker sucht, der stößt auch in den übrigen Werken auf den Lehrmeister Becker, zum Beispiel auf der ersten Seite von *Jakob der Lügner.* Bei der Figur des anonymen Ich-Erzählers fehlen alle näheren Angaben polizeilicher oder literarischer Natur. Der Leser erfährt nichts über Körpergröße, Gewicht oder Aussehen dieser Figur und nicht die kleinste Einzelheit über den literarischen Raum, in dem sie spricht

Jakob Heym für junge Menschen: Illustration von Lukas Ruegenberg aus der Kinderbuchfassung von Beckers Roman

– warum? Weil es für den Romaneinstieg ein überflüssiger Schmuck wäre, keine Rolle spielt für das, was Becker erbauen möchte: den Reflexions-, Geschichts- und Geschichtenraum dieses Erzählers, den Ton, in dem Jakob Heyms Geschichte erzählt werden soll. Ausgerechnet bei einer scheinbar endlos fabulierenden Erzählerfigur setzt Becker beispielhaft um, was handwerklich mit einer Ökonomie des Erzählens gemeint ist – sei sparsam und geize mit Worten, denn lang kann jeder!

Lang kann jeder...

Von Becker könnten Autoren den Figurenbau, aber auch das Anfangen lernen, wenn sie zum Beispiel den ersten Satz von *Bronsteins Kinder* läsen. Einen Satz, der ein ganzes Universum eröffnet. Direkt geht es um Leben und Tod, der Leser hört einen lakonischen Erzählton und lernt nebenbei ein Ich kennen. Dieser erste Satz ist ein Versprechen, das der folgende Text einzulösen hat. Wer damit so manchen anderen Beginn von Gegenwartsromanen vergleicht, weiß Beckers sinnliche Präzision wie seine Auslassungen zu schätzen. Eine Passage aus *Amanda herzlos* scheint vor diesem Hintergrund geradezu eine Rosskur für Schreiber, ja ein Plädoyer fürs Aufhören. »Meine Redaktion ist voll von Leuten, die Romane angefangen haben«, heißt es im ersten Kapitel, »das Romananfangen scheint eine Art Krankheit zu sein, von der viele in jungen Jahren befallen werden wie von Mumps.« (*Amanda herzlos*, S. 33) Da Kinderkrankheiten höchstens den Kreis der Familie interessieren, muss auch nicht jedes vergleichbare Stück Literatur ans Licht der Welt gezerrt werden, hört man Becker aus dem Munde seiner Figur spötteln.

Becker wirbt handwerklich für eine Literatur, die den mitarbeitenden Leser fordert, die ihm nicht vorkaut, was er zu denken hat. »Ich erkläre gar nichts‹, sagt Aron, ›ich erzähle‹«, heißt es in *Der Boxer* (S. 128). Den Impuls fürs Schreiben sieht Becker im Widerspruch gegen etwas, er betont die Kritik als Nährboden der Literatur. »Ohne ein Unglück können Sie nicht einmal Witze über Ihr Unglück machen«, rät er künftigen Schriftstellern. (Warnung, S. 15) Deren Arbeit darf die Wirklichkeit in blindem Einverständnis nicht verdoppeln, sondern sie sollte in der vorhandenen Welt vorher Unsichtbares sichtbar machen. »Schriftsteller haben zu meinen, daß ohne ihre Texte die Zukunft nicht erreicht werden kann, daß ohne sie der Menschenvernunft ein entscheidendes Stück fehlt – es gehört zu ihrem Handwerkszeug.« (Warnung, S. 60) Auch wenn Literatur nicht nur ein gesellschaftskritischer Beitrag sein mag, lohnt es für jeden Autor zu fragen – warum erzähle ich das Ganze überhaupt und für wen? Und natürlich auch, wie ausführlich darf ich werden? Für besonders wichtig hält Becker bei einem Schriftsteller deswegen, dass er nicht von Gott und der Welt erzählt, sondern überlegt, was er für seine Geschichte unabdingbar braucht. Gute Literatur arbeitet haushälterisch, sie setzt die Vorräte der Sprache mit Bedacht ein. »Wenn ein Autor die Nase einer Figur braucht, muß er nicht erzählen, welche Haarfarbe sie hat«, schreibt Becker. Gegen ein enzyklopädisch vollständiges (Be-)Schreiben

Erzählen statt erklären

Mit Worten haushalten

> »Wenn ein Autor seiner Figur blonde Haare gibt, braucht er einen Grund dafür. Es genügt nicht als Grund, daß jeder Mensch eine Haarfarbe hat. Und wenn die im Buch fehlt, und wenn ein Leser sich für die Haarfarbe interessiert, dann muß er sie sich gefälligst selbst erfinden.« (Jurek Becker; zit. n. Heidelberger-Leonard, S. 103)

setzt Becker eines von Leerstellen, in die der Leser hineinfantasieren kann.

Beckers Schreiblehren gehören zum Gemeingut von Autoren, die über ihr Tun nachdenken. Mit vielen von ihnen teilt Becker die Vorsicht gegenüber Adjektiven im Text. Sie seien für ihn gleichsam »die Minen einer Sprache« und im Interesse der Buchkäufer sparsam einzusetzen: »Wenn Sie auf eine treten, dann explodiert der Satz. Natürlich muß ich verantwortlich damit umgehen, um nicht schon in der Mitte des Buches nur tote Leser oder verletzte und verwundete Literaturfreunde zu haben.« (zit. n. Heidelberger-Leonard, S. 103) Den Schreiblehrer Becker gilt es noch ausführlicher zu entdecken und zu beschreiben. Seine Poetik bewahren die eine oder andere theoretische Schrift, aber vor allem seine literarischen Werke auf. Gerade für Autoren am Beginn einer Laufbahn haben Beckers Tipps etwas Heilsames, Handfestes. »Ich verstehe nicht viel von Literatur, doch so viel steht wohl fest«, heißt es in *Amanda herzlos*, »daß ein Buch, bevor es fertig ist, Seite für Seite geschrieben werden muß.« (*Amanda herzlos*, S. 33)

Warnung vor Adjektiven

Wie geht's weiter? Das Jurek-Becker-Archiv

Wenn die Todesstunde schlägt, schlägt auch die Stunde der Nachlassverwalter. Was soll die Nachwelt noch erfahren von Jurek Becker und wann? Wer garantiert, dass sein Nachlass gesichtet und gepflegt wird und viele Menschen davon erfahren – als Beitrag zu einer Literaturgeschichte des späten 20. Jahrhunderts? Wo und wie lebt Jurek Becker also weiter nach seinem Tod? Mit seiner Frau Christine hat Becker nie darüber gesprochen, was mit seinem Nachlass geschehen soll. Für Christine Becker ist jedoch schnell klar, dass die Hinterlassenschaften ihres Mannes in professionelle Hände gegeben werden sollen. »Selbst wenn ich mich noch gut darum gekümmert hätte«, sagt Christine Becker, »schon mein Sohn wüsste damit vielleicht nichts mehr anzufangen.« (*Brigitte Kultur* 2005, Heft 1) Als Becker gestorben ist, muss sie sich zwischen zwei Angeboten entscheiden: dem vom Literaturarchiv Marbach und dem der Akademie der Künste in Berlin. Letztlich erhält Berlin den Zuschlag, für das biographische Bezüge –

Becker wohnt in Berlin und ist seit 1990 Mitglied der Akademie der Künste – und eine thematische Nähe des Becker-Nachlasses zu den sonstigen Beständen des Berliner Archivs sprechen. Seit 2000 ist das Jurek-Becker-Archiv in zentraler Hauptstadtlage am Robert-Koch-Platz 10 zu finden. Rund 18 000 Blätter des Bestands lassen sich dort mit einem analogen und einem elektronischen Findbuch bequem erschließen. Es ist ein Ort, der für die Nachwirkung Beckers von entscheidender Bedeutung sein wird. Manuskripte seines literarischen und publizistischen Werks sind dort ebenso vorhanden wie jede Menge Korrespondenz – von Notizen jeglicher Art, Vorstufen und Entwürfen zu Briefen bis hin zu seiner Postkartensammlung. Persönliche Unterlagen wie DDR-Reisepässe, in denen Becker stets als »Georg Jurek Becker« unterschreibt, lagern neben Unterlagen aus seiner Studienzeit und zahlreichen Urkunden, die sowohl vom frühen Ruhm eines Siegers im Tischtennis-Doppel erzählen als auch von dem eines Nationalpreisträgers der DDR. Die Sammlung ergänzen zahlreiche Fotos, darunter ein dickes Album, mit dem Becker seine Reise in die Sowjetunion von 1956 dokumentiert. Sein Kamerablick verrät dem Betrachter etwas von der Weltsicht des jungen Mannes, der seine Umwelt meist menschenleer ›protokolliert‹. Die Stasi-Unterlagen zu Becker erzählen mehr von

18 000 Blätter im Nachlass

»Georg Jurek Becker«

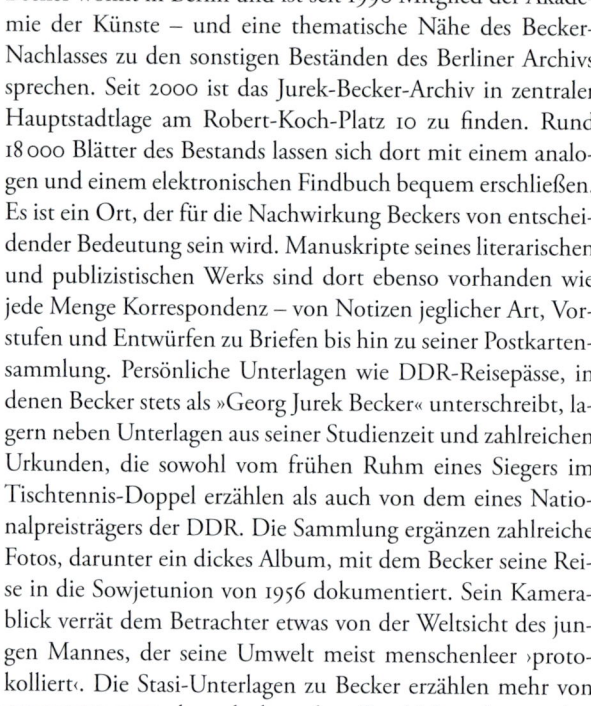

deutsch-deutscher Geschichte als manches voluminöse Buch, und sie tragen mitunter tragikomische Züge, wie wir sie sonst nur aus Beckers literarischem Schaffen kennen. So sind einem Beobachtungsbericht vom Oktober 1977 Fotos beigefügt, die Becker an einer Tankstelle und laut Stasi mit einer »beatleartigen Frisur« zeigen. Die Beschriftung eines Fotos, aufgenommen am 31. Ok-

»›Lügner‹ beim säubern der Frontscheibe« – Aus Alltäglichem erdichtete die Staatssicherheit der DDR Prosa für Haupt- und Staatsaktionen. Das Foto stammt aus einem Beobachtungsbericht vom Oktober 1977 und zeigt Becker an einer Tankstelle.

tober, offenbart, wie fein die Dichter von Stasi-Prosa die Sub-
jekte ihrer verordneten Begierde observieren mussten: »›Lügner‹ beim säubern der Frontscheibe«. (JBA, Nr. 480) Pressear-
tikel und Werbematerial ersparen im Archiv so manche ge-
sonderte Recherche. Hilfreich sind auch die mehr als 250
Bände der Nachlassbibliothek mit Werken Beckers, ihren
Übersetzungen und Varia aus dem Handapparat des Autors.
Darüber hinaus hält das Archiv einige wissenschaftliche Arbeiten zu Becker und umfangreiches audiovisuelles Material
bereit. Sichten lassen sich im Archiv sowohl die frühen Filme
des Drehbuchautors Becker – beispielsweise *Jungfer, Sie gefällt
mir* und *Das Versteck* – als auch späte Werke wie die kompletten Staffeln von *Liebling Kreuzberg*. Bewegte Bilder von
öffentlichen Auftritten verschaffen einen guten Eindruck vom
Menschen Jurek Becker. Wer sich beispielsweise für Becker an
der Schnittstelle zwischen Ost und West interessiert, muss
sich unbedingt das einstündige Gespräch ansehen, das er am
13. Februar 1978 unmittelbar vor seiner Ausreise in die USA
mit Peter Wapnewski und Lutz Lehmann in der Reihe *Autor-
Scooter* führt.
Ein erster Überblick über die Archiv-Bestände lässt vermuten,
dass sich kaum Material findet, das unser Bild von Becker
grundsätzlich ändern wird. Jedoch sind viele Details auffind-
bar, die diesem Bild kräftigere Farben geben und eine Publikation lohnen. Dafür seien nur wenige Beispiele angeführt.
Geradezu schlagend sind die Parallelen zwischen *Jakob der
Lügner* von 1969 und dem ein Jahr später ausgestrahlten
DEFA-Film *Meine Stunde Null*, für den Becker das Drehbuch
geschrieben hat. Allein schon der Einstieg des Erzählers im
Roman und der innere Monolog Manfred Krugs zu Beginn
des Films verweisen auf eine bislang unbemerkte Nähe beider
Werke. Nicht weniger spannend, als diese Parallelen zu untersuchen, wäre eine gründliche Dokumentation eines unschein-
baren A 5-Büchleins, in dem Becker auf rund 300 Seiten Kon-
zept und Folgen von *Liebling Kreuzberg* festhält. Neben den
großen, bekannten Geschichten bewahrt das Archiv auch
wertvolle Bruchstücke auf. Mitunter entdeckt man auf losen
Blättern Kostbarkeiten wie die folgende, die einen Plan für

Schätze im Archiv

eine Erzählung festhält, die den typischen Becker-Ton an-schlägt und erneut sein Lügenthema aufnimmt: »Wie der Va-ter ein Tonband mit seinem Atem bespricht, damit das Kind nicht allein schlafen muß. Und wie das Kind das rauskriegt und ihm nichts mehr glaubt.« (JBA, Nr. 216) Andere Blätter zeigen den peniblen Materialbeschaffer Becker, der Wörter und Wendungen sichert wie »das Nachtdenken«, »Munter-haltung« und »Gerüchtsverhandlung« oder »Per aspera ad ac-ta«, »Ich verdränge, was ich will« oder »Eine Frau im Adams-kostüm«. (JBA, Nr. 216)

Es bleibt einer ausführlichen Biographie vorbehalten, die Bestände des Archivs in eine Geschichte vom Leben Jurek Beckers einzufügen. Letztlich wird das Engagement von Ver-lagen, Stiftungen, Forschern und Journalisten entscheidend dazu beitragen, welche Basis für Jurek Beckers Nachwirken mittelfristig geschaffen wird. Zu große Sorgen sollte man sich darum nicht machen, wenn ein Blick in die *New York Times* als Zeichen für Beckers Stellenwert im aktuellen Bewusstsein gelten darf. In einem Artikel über den Israel-Konflikt ist Be-cker – mit *Jakob der Lügner* – bereits zum allgemeinen Kul-turgut veredelt, so dass nicht einmal der Name des Autors fallen muss. Uriel Simon hat das letzte Wort, gleichsam als Versprechen für Beckers steigenden Wert nicht nur in der li-terarischen Welt:

> »›My father was a liar. My grandfather was a liar. How else did we cross lines to get to this country? We stayed alive by lying. We lied to the Russians, we lied to the Germans, we lied to the British! We lie for survival! Jacob the Liar was my father!‹ he said.« (Uriel Simon in der *New York Times* vom 23. März 2007)

»Frau im Adams-kostüm«

Anhang

scheidet sich für eine Laufbahn als freier Schriftsteller. Erste Schreiberfahrungen sammelt er bei der Studentenzeitschrift *tua res* und durch Beiträge für die »Distel«, das bedeutendste Ostberliner Kabarett.

1960-1967 Becker beginnt an der Deutschen Hochschule für Filmkunst in Potsdam-Babelsberg für Film und Fernsehen zu arbeiten. – 15. August 1961: Heirat mit seiner Freundin Erika ›Rieke‹ Hüttig. Aus der Ehe gehen die Söhne Nikolaus und Leonard hervor. – Mai 1964 bis Mai 1965: Ausbildung in Potsdam-Babelsberg zum Szenaristen. Bevor Becker seinen ersten Roman veröffentlicht, schreibt er für rund ein Dutzend Filme Drehbücher. Zu den frühesten gehören *Wenn ein Marquis schon Pläne macht* (1962) und *Ohne Paß in fremden Betten* (1965). – 1964: Becker schreibt das Drehbuch für *Jakob der Lügner*. Der Stoff kann jedoch erst 1974 verfilmt werden. – 1967: Becker beginnt stattdessen mit der Arbeit an einer Romanfassung von *Jakob der Lügner*.

1969 *Jakob der Lügner* erscheint beim renommierten Aufbau-Verlag. Sein Debüt bringt ihm nationales und internationales Ansehen ein. – 1970: Der Roman erscheint auch im Westen bei Luchterhand, was Beckers Karriere beflügelt und seine Position in der DDR stärkt.

1971 Für *Jakob der Lügner* erhält Becker den Heinrich-Mann-Preis der Deutschen Akademie der Künste der DDR und den Schweizer Charles-Veillon-Preis.

1972 30. März: Beckers Vater stirbt.

1973 Der Roman *Irreführung der Behörden* startet bei den Lesern zunächst erfolgreicher als Beckers Debüt.

1974 26. Januar: Becker nimmt den Bremer Literaturpreis an, was bei den Staatsvertretern der DDR auf geringe Gegenliebe stößt.

1974/75 Verfilmung von *Jakob der Lügner* unter der Regie von Frank Beyer. Der Film erhält mehrere Auszeichnungen, darunter den Nationalpreis der DDR (1975) und eine Oscar-Nominierung als »bester ausländischer Film« (1976).

1976 Der Roman *Der Boxer*, der sich als zweiter Teil seiner Holocaust-Trilogie an *Jakob der Lügner* anschließt, erscheint bei Hinstorff. Der Ausschluss Reiner Kunzes aus dem Schriftstellerverband der DDR und die Affäre um den Liedermacher Wolf Biermann entfremden Becker zunehmend von seinem Staat. Er setzt sich für Kunze und Biermann ein und gerät dadurch immer stärker ins Blickfeld der Staatssicherheit. – 22. November 1976: Die Stasi legt unter dem Decknamen »Lügner« eine Akte über Becker an und überwacht ihn in den nächsten Jahren intensiv. Unmittelbare Folgen: Ausschluss aus der SED, Beckers Bücher verschwinden in der DDR aus den Regalen.

1977 4. April: Becker tritt aus dem Schriftstellerverband der DDR aus. Die Räume für den Schriftsteller Becker werden eng in der DDR, so dass er mehr aus künstlerischen als politischen Motiven das Land verlassen möchte. In dieser turbulenten Zeit zerbricht seine Ehe. – 4. April: Scheidung. Rieke bleibt mit den Söhnen in der DDR, während Becker mit einem Zweijahresvisum in den Westen reisen darf.

1977-78 Becker verlässt die DDR, und sein Roman *Schlaflose Tage*, ein Schlüsselwerk für Beckers Ost-West-Spagat, erscheint ausschließlich im Westen. – 14. Februar 1978: Becker geht für ein halbes Jahr in die USA, u. a. nach Ohio als Max Kade Writer-in-Residence.

1978-79 Becker unterrichtet als Gastdozent an der Universität Essen und der University of Edinburgh. – 28. November 1979: Beckers Visum wird auf seinen Wunsch um weitere zehn Jahre verlängert. Sein Abschied von der DDR scheint endgültig zu werden.

1980 Unter dem Titel *Nach der ersten Zukunft* kommen 25 Erzählungen heraus.

1982 Becker wird Stadtschreiber von Bergen-Enkheim. Sein Roman *Aller Welt Freund* erscheint.

1983 Becker wird Mitglied der Deutschen Akademie für Sprache und Dichtung. – 28. März: Becker lernt bei einer Lesung an der Deutschen Buchhändlerschule in Seckbach die Literaturstudentin Christine Harsch-Niemeyer kennen.

1986 Die Anwaltsserie *Liebling Kreuzberg* mit Manfred Krug in der Hauptrolle macht Becker einem breiten Fernsehpublikum bekannt. Die Serie wird bis 1998 in sechs Staffeln ausgestrahlt und u. a. mit dem Adolf-Grimme-Preis in Gold und

Silber ausgezeichnet. Mit dem Roman *Bronsteins Kinder* schließt Becker seine Holocaust-Trilogie ab. – 7. März: Heirat mit Christine in Berlin.

1988 Ein Highlight für den Sportfreund Becker bedeutet ein journalistischer Auftrag, der ihn zu den Olympischen Spielen ins südkoreanische Seoul führt.

1989 Poetikdozentur an der Frankfurter Goethe-Universität. Unter dem Titel *Warnung vor dem Schriftsteller* erscheinen die Vorlesungen im Jahr darauf als Buch. Der Mauerfall erstaunt Becker, lässt ihn aber keinesfalls überschwänglich werden.

1990 Verleihung des Hans-Fallada-Preises. Becker wird Mitglied der Berliner Akademie der Künste und gehört zur Jury beim Klagenfurter Bachmann-Preis. – 23. Juni: Geburt von Jonathan (Johnny). Kurz danach kaufen sich die Beckers ein Haus im schleswig-holsteinischen Sieseby, das als Arbeitswohnsitz auf dem Lande dient.

1992 Verleihung des Verdienstordens der Bundesrepublik Deutschland. Erscheinen von *Amanda herzlos*. Wegen der intensiven Drehbucharbeit Beckers sein einziger Roman im letzten Lebensjahrzehnt.

1995 Oktober: Eine seiner letzten großen Reisen führt Becker nach Südamerika. Kurz darauf diagnostiziert man bei ihm Krebs im fortgeschrittenen Stadium. In der letzten Zeit arbeitet Becker weiter an *Liebling Kreuzberg*. Hollywood will *Jakob der Lügner* mit Robin Williams in der Hauptrolle verfilmen. Becker liest noch Drehbuchfassungen, der Film kommt als *Jakob the Liar* jedoch erst 1999 nach seinem Tod in die Kinos.

1996 Den Abschluss der zu Lebzeiten Beckers publizierten Werke bildet der Sammelband *Ende des Größenwahns* mit Aufsätzen und Vorträgen aus den Jahren 1977 bis 1995.

1997 Februar: Becker hält seine letzte Lesung an jener Buchhändlerschule, an der er seine Frau Christine vor 14 Jahren kennen gelernt hatte. – 14. März: Becker stirbt auf seinem Landsitz in Sieseby.

Bibliographie

Werkausgaben

Archivmaterial. In: Jurek-Becker-Archiv. Robert-Koch-Platz 10. Berlin (JBA)

Aller Welt Freund. 8. Aufl. Frankfurt/M. 2004 (Welt)

Amanda herzlos. 7. Aufl. Frankfurt/M. 2004

Bronsteins Kinder. 19. Aufl. Frankfurt/M. 2002

Der Boxer. Frankfurt/M. 1998

Die beliebteste Familiengeschichte und andere Erzählungen. Frankfurt/M./Leipzig 1995

Ende des Größenwahns. Frankfurt/M. 1996 (Größenwahn)

Erzählungen. Rostock 1986

»Ihr Unvergleichlichen«. Jurek Becker. Briefe. Hrsg. von Christine Becker/Joanna Obruśnik. Frankfurt/M. 2004 (Briefe)

Irreführung der Behörden. 13. Aufl. Frankfurt/M. 1998 (Irreführung)

Jakob der Lügner. 26. Aufl. Frankfurt/M. 2003

Mein Vater, die Deutschen und ich. Aufsätze, Vorträge, Interviews. Hrsg. von Christine Becker. Frankfurt/M. 2007 (Mein Vater)

Nach der ersten Zukunft. 5. Aufl. Frankfurt/M. 1997 (Zukunft)

Schlaflose Tage. 14. Aufl. Frankfurt/M. 2003

Lieber Johnny. Jurek Beckers Postkarten an seinen Sohn Jonathan. Hrsg. von Trude Trunk. 2. Aufl. Berlin 2004 (Lieber Johnny)

Warnung vor dem Schriftsteller. 2. Aufl. Frankfurt/M. 1991 (Warnung)

Wir sind auch nur ein Volk. 3 Bde. Frankfurt/M. 1994

Arbeiten für Film und Fernsehen

Wenn ein Marquis schon Pläne macht. Regie: Peter Hagen. Drehbuch: Jurek Becker/Hans Bergmann. Deutscher Fernsehfunk (DFF) 1962

Ohne Paß in fremden Betten. Regie: Vladimír Brebera. Drehbuch: Jurek Becker/Kurt Belicke. DEFA 1965

Jungfer, Sie gefällt mir. Regie: Günter Reisch. Drehbuch: Jurek Becker/Günter Reisch. DEFA 1969

Meine Stunde Null. Regie: Joachim Hasler. Drehbuch: Jurek Becker/Karl Krug. DEFA 1970

Jakob der Lügner. Verfilmung I: Regie: Frank Beyer. Drehbuch: Jurek Becker. DEFA 1975. Verfilmung II: *Jakob the Liar*. Regie: Peter Kassovitz. Drehbuch: Peter Kassovitz/Didier Decoin. Columbia Pictures 1999

Das Versteck. Regie: Frank Beyer. Drehbuch: Jurek Becker. DEFA 1978

David. Regie: Peter Lilienthal. Drehbuch: Peter Lilienthal mit Jurek Becker und Ulla Ziemann. ZDF 1979

Der Boxer. Regie und Drehbuch: Karl Fruchtmann. ZDF 1980

Schlaflose Tage. Verfilmung I: Regie und Drehbuch: Diethard Klante. ARD 1982. Verfilmung II: Regie: Gabriele Denecke. Drehbuch: Henry Schneider. Deutscher Fernsehfunk (DFF) 1991

Liebling Kreuzberg. Regie: Heinz Schirk (Staffel 1)/Werner Masten (Staffeln 2-4)/Vera Loebner (Staffel 5). Drehbuch (Staffel 4: Ulrich Plenzdorf): Jurek Becker. ARD 1986-1998

Der Passagier. Welcome to Germany. Drehbuch und Regie: Thomas Brasch. Mitarbeit am Drehbuch: Jurek Becker. ZDF 1990

So schnell es geht nach Istanbul (Nach Motiven der Erzählung *Romeo* von Jurek Becker). Regie: Andreas Dresen. Drehbuch: Andreas Dresen/Laila Stieler. Hochschule für Film und Fernsehen Konrad Wolf 1990

Bronsteins Kinder. Regie: Jerzy Kawalerowicz. Drehbuch: Jerzy Kawalerowicz/Jurek Becker. Novafilm, ZDF 1992

Neuner. Regie: Werner Masten. Drehbuch: Jurek Becker. ARD 1993

Wir sind auch nur ein Volk. Regie: Werner Masten. Drehbuch: Jurek Becker. ARD 1994-1995

Wenn alle Deutschen schlafen. Regie: Frank Beyer. Drehbuch: Jurek Becker. Novafilm, Arte 1995

Kommentierte Auswahlbibliographie

Arnold, Heinz Ludwig (Hrsg.): *Jurek Becker*. München 1992
Gut geeignet, um über Primärtexte Beckers sowie Aufsätze, ein Interview und eine Bibliographie in Leben und Werk des Autors einzusteigen.

Beyer, Frank: *Wenn der Wind sich dreht. Meine Filme, mein Leben*. München 2001
Biographie des Becker-Freundes und Regisseurs mit einem eigenen Kapitel zur ersten Verfilmung von *Jakob der Lügner*.

Eilert, Klaus: *Jurek Becker: Jakob der Lügner. Unterrichtsvorschläge und Kopiervorlagen zu Buch, Audio-Book und CD-ROM*. Berlin 2004
Ergänzendes Material zu Beckers Roman, wenn bereits Basiswissen zu Autor und Werk erarbeitet wurde.

Enslin, Anna-Pia/Wolfgang Gast: *Jurek Becker. Schriftsteller und Drehbuchautor*. Hamburg/Stuttgart 2002

Unterrichtsmaterial, vor allem zur Biographie, zu *Jakob der Lügner* und *Liebling Kreuzberg*.

Feuchert, Sascha / Erwin Leibfried / Jörg Riecke (Hrsg.): *Die Chronik des Gettos Lodz/Litzmannstadt*. 5 Bde. Göttingen 2007
Grundwerk zur Geschichte des Gettos, in dem Becker seine Kindheit verbrachte.

Gilman, Sander L.: *Jurek Becker. Die Biographie*. Berlin / München 2002 (Gilman)
Erster größerer Versuch, Beckers Leben zu beschreiben – mit dem Akzent auf seiner jüdischen Herkunft.

Graf, Karin / Ulrich Konietzny (Hrsg.): *Jurek Becker. Werkheft Literatur*. München 1991 (Graf)
Dokumentation einer einwöchigen Werkstatt mit Becker, in der es vor allem um die didaktische Vermittlung von Beckers Werk geht.

Heidelberger-Leonard, Irene (Hrsg.): *Jurek Becker*. 2. Aufl. Frankfurt/ M. 1997 (Heidelberger-Leonard)
Sammelband mit Aufsätzen zu Leben und Werk Beckers sowie einer Bibliographie, die bis 1997 rund 600 Titel verzeichnet.

Jung, Thomas: *»Widerstandskämpfer oder Schriftsteller sein…« Jurek Becker – Schreiben zwischen Sozialismus und Judentum. Eine Interpretation der Holocaust-Texte und deren Verfilmungen im Kontext*. Frankfurt/M. 1998
Zu *Jakob der Lügner*, *Der Boxer* und *Bronsteins Kinder*.

Kiwus, Karin (Hrsg.): *»Wenn ich auf mein bisheriges zurückblicke, dann muß ich leider sagen.« Jurek Becker 1937-1997. Dokumente zu Leben und Werk aus dem Jurek-Becker-Archiv*. Berlin 2002 (Kiwus)
Fundgrube an Bildern und Texten zu Beckers Leben und Werk.

Krug, Manfred: *Abgehauen. Ein Mitschnitt und Ein Tagebuch*. 11. Aufl. München 2004
Heimlicher Tonbandmitschnitt eines Gesprächs zwischen Künstlern und Staatsvertretern der DDR im Jahre 1976 sowie ein Tagebuch Krugs von 1977, das authentische Einblicke in die Zeit um Wolf Biermanns Ausbürgerung und die Situation der Künstler in der DDR ermöglicht.

Krug, Manfred (Hrsg.): *Jurek Beckers Neuigkeiten an Manfred Krug & Otti*. Düsseldorf/München 1997 (Neuigkeiten)
Becker-Postkarten von 1957 bis 1997 mit Kommentaren von Krug, zahlreichen Fotos und Abbildungen von Karten.

Kutzmutz, Olaf: *Hoffnung in Not – eine Unterrichtsreihe zu Jurek*

Beckers Roman »Jakob der Lügner« und seinen Verfilmungen (9. /10. Klasse). Stuttgart 2002
Material zu Beckers Debütroman und seinem Einsatz in der Schule.

Kutzmutz, Olaf: *Jurek Becker: Jakob der Lügner. Lektüreschlüssel für Schüler.* Stuttgart 2004
Einführung in Beckers bekanntestes Werk für Schule und Studium.

Loewy, Hanno / Gerhard Schoenbrenner (Red.): *»Unser einziger Weg ist Arbeit«. Das Getto in Łódź 1940-1944. Eine Ausstellung des Jüdischen Museums Frankfurt am Main.* Wien 1990 (Weg)
Der Band eröffnet durch zahlreiche Bilder und Kommentare Einblicke in den Alltag und die Struktur des Gettos, in dem Becker als Kind lebte. Zu den Fotos der Ausstellung hat Becker im Band seinen Text *Die unsichtbare Stadt* verfasst.

Müller, Beate: *Stasi – Zensur – Machtdiskurse. Publikationsgeschichten und Materialien zu Jurek Beckers Werk.* Tübingen 2006 (Müller)
Materialreiche und präzise Darstellung von Beckers Situation als Künstler und seiner Beobachtung durch die Staatssicherheit der DDR.

Rühl, Christina: *Der Mensch ist doch kein Flussbett... Jurek Becker als Roman- und Drehbuchautor.* Frankfurt/M. 2005
Studie über Beckers Drehbücher zu *Liebling Kreuzberg* sowie über das Verhältnis zwischen literarischer Vorlage und Drehbuch bei *Jakob der Lügner* und *Bronsteins Kinder*.

Wieghaus, Georg: *Jakob der Lügner.* Nach dem Roman von Jurek Becker. Illustriert von Lukas Ruegenberg. Kevelaer 2002
Bebilderte Kinderbuchfassung von Beckers Erfolgsroman.

Wiese, Lothar: *Jurek Becker. Jakob der Lügner.* München 1998
Einführung in Text und Kontexte von Beckers Roman für Schule und Studium, mit einer Reihe nützlicher Unterrichtshilfen.

Weitere Literatur

Begley, Louis: *»Nachwort«.* In: Jurek Becker: *Jakob der Lügner.* Frankfurt/M. 2007. S. 297-302

Bellin, Klaus: *»Geschichten aus den späten Jahren«.* [Rez. von] Jurek Becker: Amanda herzlos. In: Neue deutsche Literatur 40 (11/1992). H. 479. S. 130-132

Lübbe, Peter: *»Literatur contra Opportunismus. Ein Interview mit dem DDR-Schriftsteller Jurek Becker«.* In: Deutschland Archiv. Zeitschrift für Fragen der DDR und der Deutschlandpolitik 7 (1974). H. 5. S. 520-527

Lüdke, Martin W./Sigrid Lüdke-Haertel: »*Jurek Becker*«. In: Kritisches Lexikon zur deutschsprachigen Gegenwartsliteratur. 29. Nlfg. München 1988 (KLG)
Obruśnik, Joanna: Jurek Becker. Teetz 2004

Werke auf DVD und CD

Jurek Becker liest Jakob der Lügner. München 2007. CD
Rund eine Stunde Beckers Stimme aus dem Jahre 1976.
Jakob der Lügner. Literamedia. Berlin 2001. CD
Kompletter Romantext mit Lesung von Werkteilen durch Becker; darüber hinaus vielfältiges audiovisuelles Material, das mit Leben und Schaffen des Autors vertraut macht.
Liebling Kreuzberg. Staffel 1 (1986) und Staffel 5 (1997/98). Hamburg 2007 und Frankfurt/M. 2006. DVD
Anfang und Ende der Serie um Anwalt Robert Liebling sind mit 24 Folgen bislang auf DVD veröffentlicht, die übrigen sollen folgen.
Wieghaus, Georg: *Jakob der Lügner. Hörspiel nach dem Roman von Jurek Becker*. Köln 2002. CD
Bearbeitung des Romans vor allem auch für jüngere Hörer.

Internetadressen

http://www.adk.findbuch.net
Hier lassen sich die Bestände des Jurek-Becker-Archivs sichten und Forschungsaufenthalte an der Berliner Akademie der Künste vorbereiten.
http://www.holocaustliteratur.de
Website der Gießener Arbeitsstelle Holocaustliteratur, die u.a. die Lodzer Getto-Chronik ediert hat.
http://www.fritz-bauer-institut.de
Das Fritz Bauer Institut erforscht interdisziplinär die Geschichte und Wirkung der nationalsozialistischen Massenverbrechen, insbesondere des Holocaust.
http://www.shoah.de
Portal mit reichhaltigem Material und vielen Links zum Holocaust, dem Dritten Reich und verwandten Themen, die viele Werke Beckers und seine Biographie grundieren.
http://www.stiftung-aufarbeitung.de
Die Website widmet sich dem gesellschaftlichen System der DDR und bietet Basiswissen und zahlreiche weiterführende Links.

Werkregister

Bildnachweis

Akademie der Künste, Jurek-Becker-Archiv, Berlin: 11, 17, 19, 20, 22, 24, 26, 35, 36, 42, 51, 52, 53, 54, 58, 65, 71, 81 oben, 98, 105, 109, 119, 138. Christine Becker, Berlin: 67. Werner Bern, Berlin, 1991, www.literaturszene.org: 96. Butzon & Bercker GmbH, Kevelaer 2002, S. 8/9: 135. Cinetext, Frankfurt am Main: 81 unten, 103. José Giribas, Berlin: 7. Jüdisches Museum, Frankfurt am Main: 12. Herlinde Koelbl, München: 73. Renate von Mangoldt, Berlin: 3. Peter Peitsch, Berlin/peitschphoto.com: 60. Picture alliance, Frankfurt: 46 (dpa – Bildarchiv). Picture Press, Hamburg: 134 (Horvath/STERN). Joachim Sartorius, Berlin: 70. Umschlagfoto: Jim Rakete/Photoselection, 1988

Danksagung

Dank an Christine Becker für all die Unterstützung und an Birgit für die Geduld.

Suhrkamp BasisBiographien

Ein spannendes Leben, ein beeindruckendes Werk, eine bleibende Wirkung – die Suhrkamp BasisBiographien erzählen von Leben, Werk und Wirkung der großen Persönlichkeiten der Weltgeschichte.

Isabel Allende Von Martina Mauritz. sb 8. 160 Seiten.
ISBN 978-3-518-18208-6

Hans Christian Andersen Von Gisela Perlet. sb 3. 160 Seiten
ISBN 978-3-518-18203-1

Hannah Arendt Von Thomas Wild. sb 17. 160 Seiten
ISBN 978-3-518-18217-8

Simone de Beauvoir Von Monika Pelz sb 26. 160 Seiten
ISBN 978-3-518-18226-0

Jurek Becker Von Olaf Kutzmutz sb 32. 160 Seiten
ISBN 978-3-518-18232-1

Samuel Beckett Von Gaby Hartel / Carola Veit. sb 13. 160 Seiten
ISBN 978-3-518-18213-7

Walter Benjamin Von Momme Brodersen. sb 4. 160 Seiten
ISBN 978-3-518-18204-8

Thomas Bernhard Von Manfred Mittermayer. sb 11. 160 Seiten.
ISBN 978-3-518-18211-6

Bertolt Brecht Von Jan Knopf. sb 16. 160 Seiten
ISBN 978-3-518-18216-1

Buddha Von Ursula Gräfe. sb 5. 160 Seiten.
ISBN 978-3-518-18205-6

Bob Dylan Von Jens Rosteck. sb 18. 160 Seiten
ISBN 978-3-518-18218-5

Caravaggio
Von Boris von Brauchitsch. Mit farbigen Abbildungen
sb25. 160 Seiten. ISBN 978-3-518-18225-3

Johnny Cash Von Martin Schäfer. sb 31. 160 Seiten
ISBN 978-3-518-18231-4